열두 달 손뜨개 가방

CROCHET BAG

# 열두 달 손뜨개 가방

아오키 에리코 지음 | 김수연 옮김

시그마 북스

# 열두 달 손뜨개 가방

**발행일** 2022년 3월 2일 초판 1쇄 발행
**지은이** 아오키 에리코
**옮긴이** 김수연
**발행인** 강학경
**발행처** 시그마북스
**마케팅** 정제용
**에디터** 최연정, 최윤정
**디자인** 김문배, 강경희

**등록번호** 제10-965호
**주소** 서울특별시 영등포구 양평로 22길 21 선유도코오롱디지털타워 A402호
**전자우편** sigmabooks@spress.co.kr
**홈페이지** http://www.sigmabooks.co.kr
**전화** (02) 2062-5288~9
**팩시밀리** (02) 323-4197
**ISBN** 979-11-6862-013-1 (13630)

ブックデザイン／眞柄花穂　石井志歩　吉村 亮（Yoshi-des.）
撮影／白井由香里
スタイリング／樽山リナ
ヘアメイク／AKI
作り方・トレース／中村洋子
制作協力／岡田昌子
編集協力／矢野年江
編集／有馬麻理亜

12KAGETSU NO AMIBAG by Rieko Aoki (NV70641)
Photographed by Yukari Shirai
Copyright ⓒ Rieko Aoki / NIHON VOGUE-SHA, 2021
All rights reserved.
Original Japanese edition published by NIHON VOGUE Corp.
Korean translation copyright ⓒ 2022 by Sigma Books
This Korean edition published by arrangement with NIHON VOGUE Corp., Tokyo,
through HonnoKizuna, Inc., Tokyo, and AMO AGENCY

Original Japanese language edition published by NIHON VOGUE Corp.
Korean translation rights arranged with Sigma Books through Amo Agency Korea.
이 책의 한국어판 저작권은 AMO에이전시를 통해 저작권자와 독점 계약한 시그마북스에 있습니다.
저작권법에 의해 한국 내에서 보호를 받는 저작물이므로 무단 전재와 무단 복제를 금합니다.

파본은 구매하신 서점에서 교환해드립니다.
본 저작물에 게재된 작품을 복제하여 판매함을 금지합니다.

* **시그마북스**는 (주)시그마프레스의 자매회사로 일반 단행본 전문 출판사입니다.

'손뜨개 가방'은 어느새 저의 인생 그 자체가 되었습니다.

심플하고 사용하기 편하면서도 오랫동안 사랑받을 수 있는 가방을 만들어왔지요. 전에는 흐름을 따라 유행을 돌고 돌았던 손뜨개 가방이었다면 이제는 봄여름 손뜨개의 단골 소재가 되며 엄청난 속도로 진화하고 있습니다. SNS 등을 통해 카고 백을 비롯한 전 세계의 뜨개질 마니아들의 작품을 접할 기회도 부쩍 늘었고요.

다채로운 아이디어 작품을 마주하는 건 그 자체만으로도 눈부신 일입니다. 그래선지 문득 정신을 차리고 나면 '역시 나는 내 스타일 가방 말고는 만들 수 없구나' 하는 당연한 사실을 깨닫게 된답니다. 물론 저도 나름대로 진화하려고 조금씩 바쁘게 움직이며 새로운 일에도 도전하고 있습니다. 비록 구체화되는 건 극소수에 불과하지만 말이지요.

최근 몇 년간은 손뜨개 가방 만들기 교실을 열면서 일 년, 열두 달, 계절에 어울리는 실로 뜨는 손뜨개 가방의 모습을 항상 머릿속에 넣어놓고 살고 있답니다. 수강생들이 어떤 부분에서 좌절하게 되는지, 또 어떤 부분에서 기쁨을 느끼는지 직접 보아오면서 제 스스로 작품 만들기에 얼마나 진심인지를, 그리고 살아 있음을 느끼는지를 실감하는 중입니다. 누군가를 가르치는 것은 아직도 잘하진 못하지만 스스로의 양식도 되고 있어 만족합니다.

이 책에서는 그런 시행착오를 거쳐 탄생한, 다양한 소재로 뜬 작품들을 달별로 소개하고 있습니다. 뜨기 쉽고 사용하기 편리한 건 물론이고, 더욱 간단하고 더욱 예쁘게 보이기 위해 세부적인 사항에도 신경을 썼고요. 이 책을 선택해주신 분들이 책에 있는 모든 작품을 떠 보고 싶어지셨으면 좋겠습니다. 계절마다 예쁜 가방을 떠서 여러분의 삶도 반짝이게 만들어 보세요.

아오키 에리코

# CONTENTS

이 책에서는 봄(3~5월), 여름(6~8월), 가을(9~11월), 겨울(12~2월)을 테마로 해서 달별로 작품을 소개하고 있습니다.

## SPRING

1

P.8 / P.40

2

P.10 / P.54

3

P.10 / P.61

4

P.12 / P.56

## SUMMER

5

P.15 / P.58

6

P.15 / P.71

7

P.16 / P.64

8

P.17 / P.63

9

P.18 / P.66

10

P.19 / P.68

11

P.20 / P.70

12

P.20 / P.53

13

P.20 / P.53

**AUTUMN**

14
P.22 / P.72

15 
P.24 / P.74

16 
P.25 / P.75

17 
P.26 / P.76

**WINTER**

18 
P.28 / P.78

19 
P.29 / P.80

20 
P.30 / P.82

21 
P.31 / P.84

22 
P.32 / P.86

23 
P.33 / P.88

24 
P.34 / P.90

25 
P.34 / P.91

26
P.36 / P.60

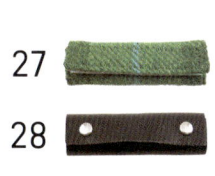

27
28
29

P.37 / P.92

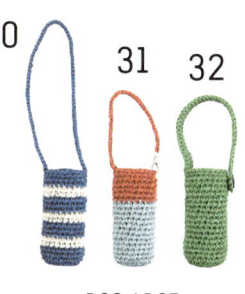

30  31  32

P.38 / P.87

33

P.39 / P.93

기본 레슨  P.40
포인트 레슨  P.46
이 책에서 사용한 실  P.52
작품 뜨는 법  P.53
뜨개질의 기초  P.95

# March 3월

봄의 시작. 꽃무늬는 봄을 더욱 화사하게 만들어주는 뜨개무늬랍니다. 바닥면의 꽃무늬가 옆면으로 이어지며 산뜻하면서도 시크해 보이는 가방이에요.

## SPRING

### 1 플라워 백

가방 바닥면에는 8장의 꽃잎이 화사하게 펼쳐져 있고, 가방 옆면에는 물결무늬가 나타납니다. 사람들이 꽃의 존재를 알아보고 미소지어주면 좋겠어요.

How to make » P.40

## 3 스퀘어 모티브 백

5장의 사각 모티브를 이어 만든 가방입니다. 크기를 똑같이 맞추는 것이 포인트랍니다. 사다리 레이스 스타일의 무늬로 경쾌하고 발랄한 느낌을 연출했어요.

How to make » P.61

## 2 메르카도 토트백

원형 왕복뜨기로 기하학무늬를 떠 넣은 토트백입니다. 또렷한 다이아몬드 무늬 덕분에 더욱 세련미가 넘치는 가방이 탄생했습니다.

How to make » P.54

# April 4월

봄을 만끽할 수 있는 4월에는 스퀘어 타입의
가방으로 산뜻한 기분을 느껴보세요.

11

# May  5월

산책이나 피크닉 가기에 좋은 5월. 행복함이 묻어나는 모티브를 가방 바닥면에 숨겨 놓았답니다.

## 4  클로버 네트 백

스퀘어 모티브의 바닥면에서부터 이어서 떠 올라가는 타입의 가방입니다. 모눈뜨기 안에 한길긴뜨기로 클로버 모양을 떠서 네트 백을 꾸며 보았답니다.

How to make » P.56

# June 6월

비오는 계절에는 기분을 상쾌하게 해주는 선명한 색과 디테일에 신경 써서 스트링 숄더백을 만들었습니다.

# SUMMER

**6** 구슬뜨기로 뜨는 스트링 숄더백

티가 안 나는 것 같으면서도 은은하게 도트무늬가 드러나는 것이 포인트인 숄더백입니다. 입구를 조이지 않은 상태일 때의 밸런스에도 신경을 썼습니다.

How to make » P.71

**5** 스캘럽 스트링 숄더백

바닥의 바구니 부분은 2단이 1단처럼 보이게 떠서 굉장히 튼튼합니다. 스트링 파우치의 스캘럽을 뜨는 것은 조금 번거롭긴 하지만 뜨고 나면 한층 더 귀여워 보인답니다.

How to make » P.58

**7** 모눈뜨기로 뜨는 에코 백

에코 백이라고 하면 아무래도 비닐봉지 형태가 보편적이지요. 은색 실로 모눈뜨기를 해서 시원스러움이 느껴진답니다. 가벼워서 들고 다니기도 좋아요.

How to make » P.64

# July 7월

햇살에 비치는 산뜻하고 반짝거리는 색상의 실로 네트 백을 떴습니다. 두 가지 스타일의 네트 백을 소개합니다.

**8  솔잎뜨기 라인 네트 백**

그물뜨기 일부를 솔잎뜨기로 떠서 세로로 라인이 생기게 만든 가방입니다. 손잡이가 바닥에서부터 이어져 올라온 것처럼 보인답니다.

How to make » P.63

# August 8월

심플한 여름엔 패션에 포인트를 줄 수 있는
또렷한 무늬의 가방은 어떤가요?

**9** 와유족 스타일 마르쉐 백

메리야스 짧은뜨기로 배색뜨기를 한 마르쉐 백입니다. 뜨는 것이
조금 힘든 대신 무늬가 굉장히 예쁘게 나온답니다.

How to make » P.66

## 10 와유족 스타일 스트링 숄더백

왼쪽의 마르쉐 백과 동일한 패턴을 컬러풀한 스트링 파우치 스타일로 만들었습니다. 배색과 형태의 차이만으로도 완전히 다른 느낌의 가방이 탄생한답니다.

How to make » P.68

## Accessories

적은 실로도 만들 수 있어서 자투리 실을 활용할 수 있습니다.
가방 안에 쏙 넣어 다니고 싶은 아이템들을 소개합니다.

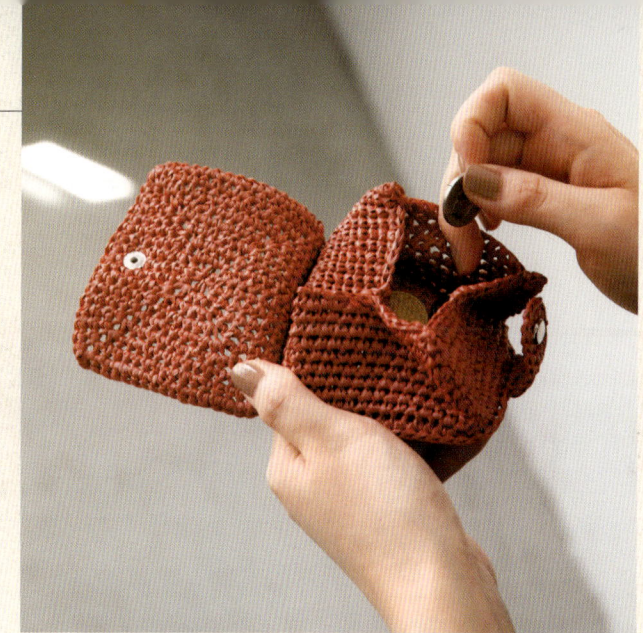

### 11 　동전 지갑

사각기둥의 본판에 바람개비 같은 접은 자국을 넣어 지갑을 만들었습니다. 동전 지갑 대신 알약 케이스로 사용해도 좋습니다.

How to make » P.70

### 12 　카드 홀더

뜨개코의 가로 세로 비율을 거의 1:1이 되게 떠서 무늬를 깔끔하게 표현했습니다. 끈의 길이는 짧게 줄여서 가방 손잡이에 끼워도 좋답니다.

How to make » P.53

### 13 　열쇠 케이스

열쇠 케이스에 직접 열쇠 무늬를 떠 넣는 것이 포인트입니다. 메리야스 짧은뜨기를 조금이라도 뜨기 편하도록 기초코를 원통으로 만들어서 뜹니다.

How to make » P.53

# September 9월

가을에는 이 가방을 들고 전시회나 미술관으로
나들이를 가는 건 어떨까요? 두 가지 스타일로
즐길 수 있는 독특한 가방이랍니다.

**14**  두 가지 스타일로 즐기는 투웨이 백

뜨개실로 감싼 링은 숄더백의 끈을 연결할 때나 토트백 손잡이로 사용
할 수 있어요.

How to make » P.72

## October 10월

각종 행사들이 많은 10월에는 활동하기에도 편하고 어떤 패션에도 매치하기 쉬운 크로스백을 추천합니다.

### 15 얼룩말 무늬 크로스백

원형뜨기로 짧은뜨기를 하면 코가 비스듬해지긴 해도 개인차가 있어서 어떤 손놀림으로 뜨더라도 나름의 멋이 있는 무늬가 탄생한답니다.

How to make » P.74

## 16 프린지 크로스백

링뜨기로 뜬 실을 잘라서 프린지를 만들었습니다. 가느다란 실 3가닥을 모아 떠서 치렁치렁한 느낌을 연출했습니다.

How to make » P.75

# November 11월

간절기에 어울리는 베이직한 가방은 남녀노소 상관없이 누구나 들기 좋답니다.

**17** 주머니 달린 토트백

종이를 원료로 만든 실로 떠서 접어두기에도 편하고, 앞판에는 폭이 늘어나는 주머니를 달아 실용성도 높였습니다.

*How to make » P.76*

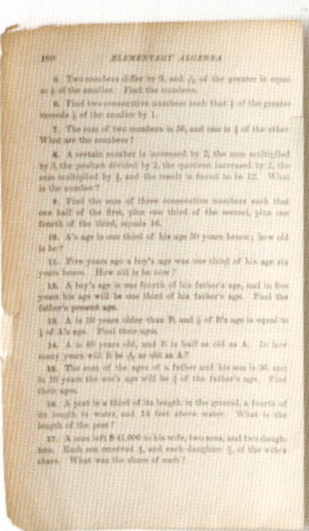

# December 12월

추워지면 울 소재의 가방이 활약할 차례입니다.
원단의 무늬를 편물로 표현해보세요.

WINTER

## 18  격자무늬 가방

전통무늬인 '윈도페인 체크'를 이미지화한 비침무늬가 인상적인 가방입니다. 산뜻한 색감의 실을 사용해서 안감과의 대비를 즐겨보세요.

How to make » P.78

## 19 헤링본 무늬 가방

겉쪽의 두길긴뜨기를 사선으로 유지하기 위해 안쪽에서 한길긴뜨기가 받쳐주고 있는 이중 구조로 되어 있습니다. 헤링본 무늬는 나무 손잡이와도 아주 잘 어울리는 무늬지요.

How to make » P.80

# January 1월

니트웨어 이미지를 가방으로 연출해보았습니다. 어떤가요? 겨울 분위기가 물씬 느껴지지 않나요?

## 20 코위찬 스타일 미니 토트백

실의 분위기와 색감이 코위찬 스웨터처럼 느껴지게 한답니다.
모티브는 제일 좋아하는 동물인 코끼리로 만들어 보았어요.

How to make » P.82

## 21 카디건 스타일 가방

요즘엔 흔히 접할 수 있는 아란무늬로 카디건 느낌이 나는 가방을 만들었습니다. 뜨기 쉬운 교차 방향 등을 고려해서 무늬를 만들었지요. 손잡이는 카디건의 소매를 이미지화했습니다.

How to make » P.84

## 22 예티 미니 백

이 책에서 유일하게 대바늘뜨기로 뜬 가방입니다. 미확인 동물인 예티를 복슬복슬한 실로 떠 넣어 포인트를 주었습니다.

How to make » P.86

# February 2월

겨울 실 시즌의 마지막에는 퍼 얀이나 모헤어로 독특한 디자인의 가방을 만들어보세요

## 23 양 모양 가방

링뜨기는 양의 몸을 표현하기에 제격입니다. 전체를 모헤어로만 뜨면 너무 화려해질 수 있어서 얼굴과 다리는 스트레이트 얀으로 떠 주었습니다.

How to make » P.88

# Accessories

기발하고 재치 있는 아이디어가 묻어나는 뜨개질 소품들을 소개합니다.
색과 무늬를 바꿔서 다양하게 즐겨보세요.

**24** 스웨터 파우치

밑단에서부터 꽈배기무늬 2줄을 자연스럽게 이어서 뜬 스웨터 모양 파우치입니다. 앞뒤 목둘레에 높이 차이를 두어 진짜 스웨터 같은 느낌을 연출했습니다.
How to make » P.90

**25** 스커트 파우치

영국 전통 체크무늬를 넣어 뜬 스커트 모양 파우치입니다. 파우치 형태로 만들면서 스커트 중앙에 주름을 잡아주었습니다.
How to make » P.91

## +1 가방에 더해서 사용하고 싶은 아이템

남은 실을 활용하거나 다른 소재를 사용해서 손뜨개 가방을 더욱 돋보이게 해주는 아이디어를 소개합니다.

### 26 감싸뜨기로 뜨는 가방

플라스틱 소재의 로프를 뜨개실로 감싸면서 뜨는 가방입니다. 도자기를 빚을 때처럼 1단씩 겹쳐 쌓아 올려줍니다.

How to make » P.60

## 27·28·29 손잡이 커버

손잡이 커버는 가방을 들기 쉽게 해주고 손잡이의 손상도 막아주며 계절감을 즐기게도 해주는 유용한 아이템입니다. 자투리 가죽이나 원단, 실 등으로 만들어보세요.

How to make » P.92

## 30·31·32 스프레이 홀더

가방의 손잡이에 다는 방식을 3가지 패턴으로 다르게 만들어 보았습니다. 본판의 사이즈와 형태는 넣는 물건에 맞춰서 변형해도 좋습니다.

How to make » P.87

30
31
32

## 33 퍼 장식

가방 입구에 씌워주기만 해도 가방이 겨울 스타일로 변신합니다. 퍼 얀으로 뜨면 심플한 편물도 고급스러워진답니다.

How to make » P.93

# BASIC LESSON

## 1 플라워 백  Photo » P.8

먼저 만드는 방법 페이지 보는 법과 가방 만들기의 흐름부터 알아봅니다.
깔끔하게 완성하는 요령도 자세히 소개합니다.

### [재료 및 도구]
다루마 사사와시 블랙(8) 120g(5타래), 라이트 브라운(2) 80g(4타래), 코바늘 6/0호

### [완성 사이즈]
입구 둘레 72cm×깊이 20.5cm(손잡이 제외)

### [게이지]
짧은뜨기의 배색뜨기 20코×16.5단=사방 10cm

### [뜨개 포인트]
● 바닥면은 원형뜨기의 기초코로 코를 만든 뒤 도안처럼 코를 늘리면서 짧은뜨기의 배색뜨기로 18단까지 뜬다. 이어서 옆면을 증감 없이 짧은뜨기의 배색뜨기로 34단까지 뜬다(바닥면과 옆면은 모두 실을 감싸는 배색뜨기로 뜬다).
● 손잡이는 사슬뜨기 56코로 기초코를 만든 뒤 도안처럼 짧은뜨기로 3단까지 뜬다. 지정된 위치의 안쪽에 빼뜨기로 이어서 완성한다.

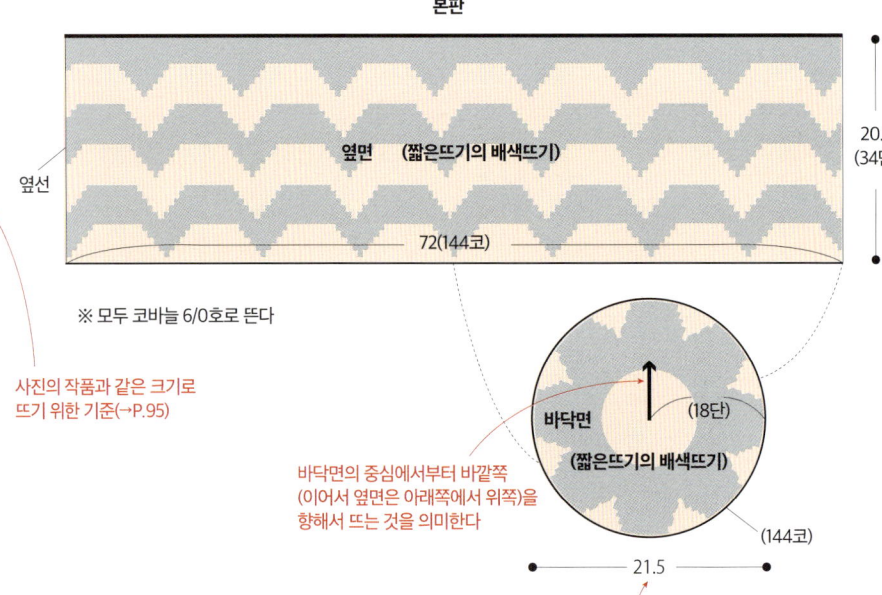

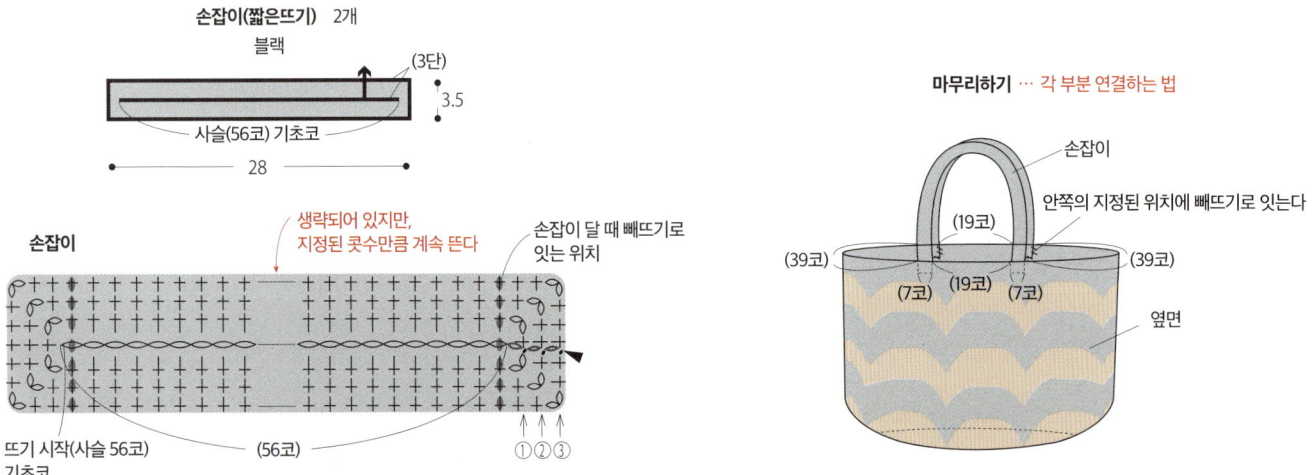

40

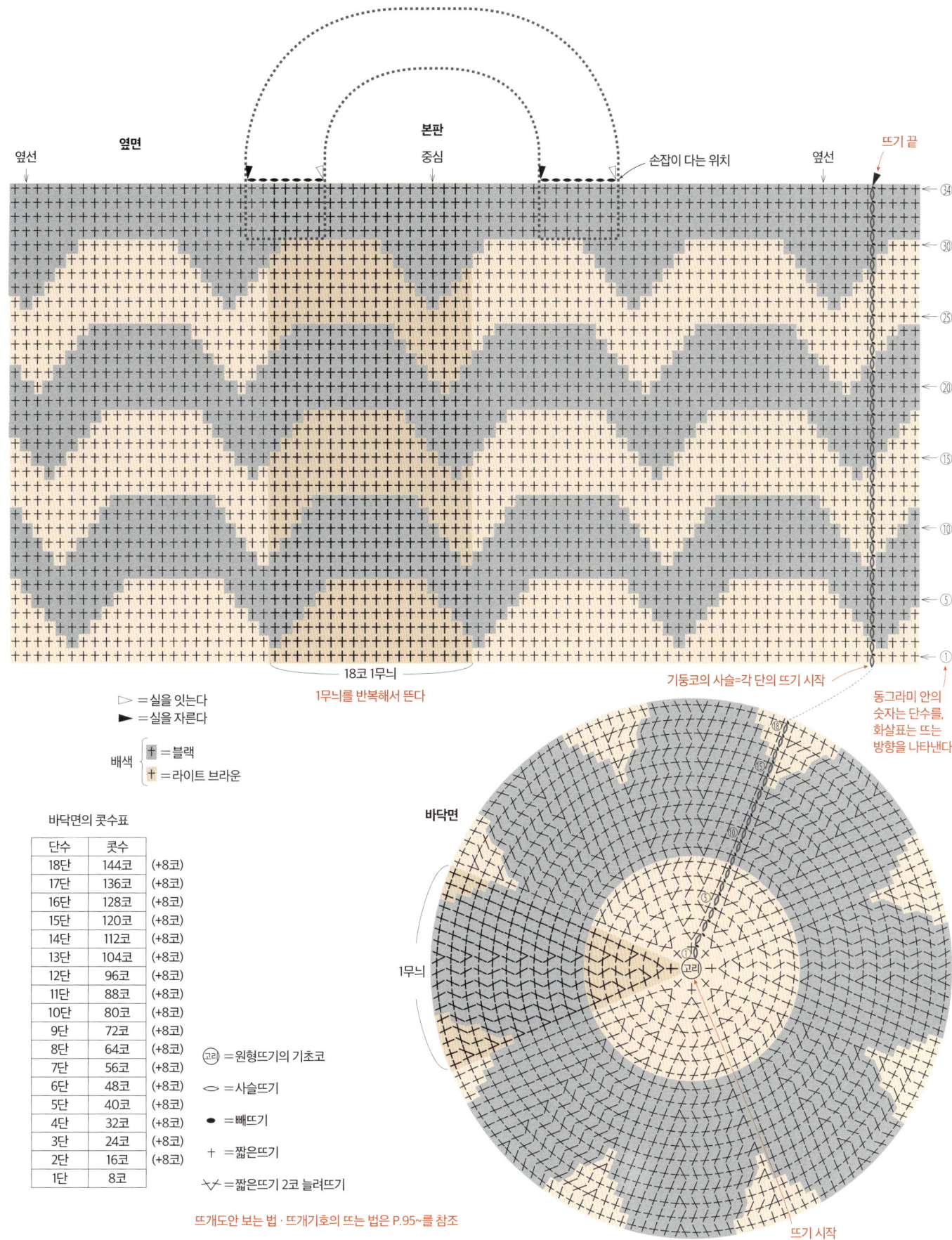

※ 알아보기 쉽도록 실의 색을 바꿨습니다

## 바닥면 [고2] 원형뜨기의 기초코(실 감아 원형코 만들기) ○ 사슬뜨기

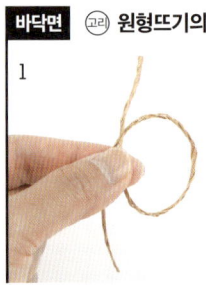
1
실 끝으로 고리를 만든다.

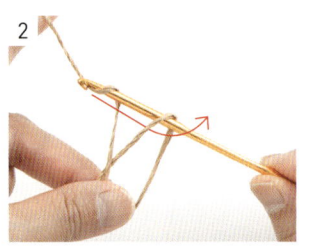
2
고리의 교차점을 누르고 있는 상태에서 바늘에 실을 걸어서 끌어낸다. 이것이 기초코가 된다(1코로 세지 않는다).

3
바늘에 실을 걸어 사슬 1코를 뜬다(기둥코).

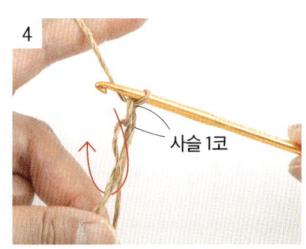
4
사슬 1코
사슬 1코를 뜬 모습. 계속해서 고리 속에 바늘을 넣는다.

## + 짧은뜨기(고리 속에 떠 넣는다 · 실을 감싸면서 뜬다)

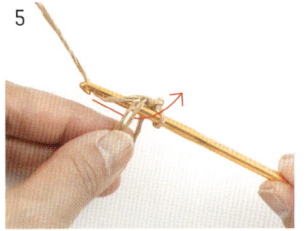
5
바늘에 실을 걸어서 고리 속으로 끌어낸다.

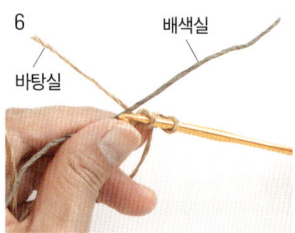
6
배색실
바탕실
이 과정에서 지금까지 뜨고 있던 실(=바탕실) 위에 감싸줄 실(=배색실)을 겹쳐둔다.

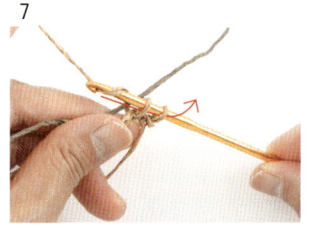
7
한 번 더 바늘에 실을 건 뒤 바늘에 걸려 있는 고리 2개를 한 번에 빼낸다.

8
짧은뜨기 1코
배색실을 감싸면서 짧은뜨기를 1코 뜬 모습.

## ● 빼뜨기(코와 코 잇기)

9
같은 요령으로 짧은뜨기를 8코 뜬다.

10
실 끝을 잡아당긴다
실 끝을 잡아당겨서 고리를 조인다.

11
배색실은 쉬어둔 뒤 첫 번째 코의 짧은뜨기 머리에 바늘을 넣는다. ※ 기둥코의 사슬과 헷갈리지 않도록 주의한다.

12
바늘에 실을 걸어서 한 번에 빼낸다.

## ∨ 짧은뜨기 2코 늘려뜨기(=코 늘리기)

13
1단을 완성한 모습.

14
사슬 1코
사슬 1코로 기둥코를 만든 뒤 1단의 첫 번째 코([11]과 같은 코)에 바늘을 넣는다.

15
짧은뜨기 1코
배색실을 감싸면서 짧은뜨기를 1코 뜬다. 한 번 더 같은 코에 바늘을 넣는다.

16
짧은뜨기 2코
짧은뜨기를 1코 더 떠서 같은 코에 짧은뜨기가 2코 떠 넣어진 모습. 2단은 8코 전체에 2코씩 떠 넣는다.

## 단이 바뀔 때 색 바꾸는 법

| 17 | 18 | 19 | 20 |
|---|---|---|---|
|  |  |  |  |

17. 16코를 다 뜨고 나면 첫 번째 코에 바늘을 넣고 실을 걸어서 빼낸다(11과 마찬가지로 배색실은 쉬어둔다).

18. 3단은 사슬 1코로 기둥코를 만든 뒤 배색실을 감싸면서 '짧은뜨기 1코'와 '짧은뜨기 2코 늘려뜨기'를 번갈아가며 뜬다.

19. 기호도대로 코를 늘리면서 뜨다가 단이 바뀔 때 배색실을 쉬어둔 뒤 7단의 마지막 코 도중(미완성의 짧은뜨기→P.96)까지 뜬다.

20. 미완성의 짧은뜨기의 상태에서 배색실을 바늘 끝에 건 뒤 바늘에 걸려 있는 고리 2개를 빼낸다(짧은뜨기를 뜬다).

| 21 | 22 | 23 | 24 |
|---|---|---|---|
|  |  |  |  |

21. 7단의 마지막 짧은뜨기를 떠서 바늘에 걸려 있는 실이 배색실이 된 상태. 바탕실은 쉬어둔 뒤 첫 번째 코에 바늘을 넣어서 빼낸다.

22. 7단을 완성한 모습.

23. 8단은 바탕실을 쉬어둔 상태에서 사슬 1코로 기둥코를 만든다.

24. 21과 같은 코에 바늘을 넣는다. ①바탕실을 편물에 평행하게 놓고 손가락으로 잡은 상태에서, ②배색실을 걸어서 앞쪽으로 끌어내며 짧은뜨기를 뜬다.

## 단의 도중에 색 바꾸는 방법

| 25 | 26 | 27 | 28 |
|---|---|---|---|
|  |  |  |  |

25. 바탕실을 감싸면서 배색실로 짧은뜨기를 1코 뜬 모습.

26. 14단의 13번째 코, 미완성의 짧은뜨기의 상태까지 배색실로 뜬다. 바탕실을 바늘 끝에 건 뒤 실을 걸어서 빼낸다.

27. 13번째 코의 짧은뜨기를 뜬 모습. 바늘에는 바탕실이 걸려 있는 상태. 다음 코에 바늘을 넣고 실을 걸어서 끌어낸다.

28. 14번째 코의 미완성의 짧은뜨기의 상태. 배색실을 바늘 끝에 건 뒤 실을 걸어서 빼낸다.

| 29 | 30 | POINT | 31 |
|---|---|---|---|
|  |  | |  |

29. 14번째 코를 뜬 모습. 이와 같이 미완성의 짧은뜨기의 상태에서 마지막에 빼낼 실을 다음 코의 실로 바꾸면서 뜬다.

30. 기호도대로 계속 이어서 뜬다. 겉에서 보면 색이 바뀐 부분이 깔끔하게 보인다.

**POINT** 단이 바뀔 때의 빼뜨기를 뜰 때나 기둥코의 사슬을 뜰 때 감싸줄 실을 쉬어둔 상태에서 뜨면, 안쪽에는 위의 사진처럼 실이 걸쳐지게 된다.

31. 본판을 완성한 모습.

**손잡이**

32

기초코의 사슬을 56코 뜬다.

33

이어서 1단의 기둥코가 될 사슬 1코를 뜬다.

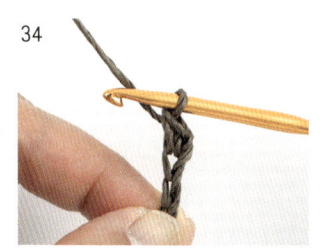

34

기초코 중 56번째 코의 반코에 바늘을 넣어 짧은뜨기를 1코 뜬다.

35

이어서 사슬을 2코 뜬다.

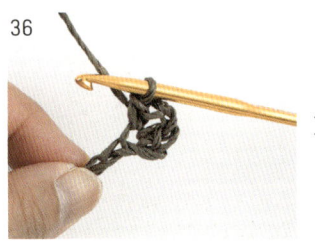

36

34와 같은 곳에 바늘을 넣어 짧은뜨기를 1코 뜬다.

37

기초코의 반코를 주우면서 1코에 1코씩 짧은뜨기를 떠 나간다. 마지막 코(기초코 중 첫 번째 코)의 바로 앞까지 뜬 모습.

38

마지막 코에 짧은뜨기를 1코 뜬다.

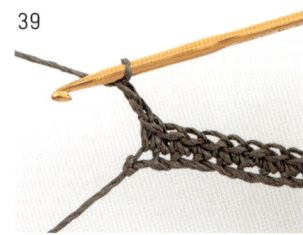

39

이어서 사슬을 2코 뜬다.

40

38과 같은 코에 짧은뜨기를 1코 뜬다. 자연스럽게 편물이 90도 오른쪽으로 회전한다.

41

이어서 사슬을 2코 뜬다.

42

38·40과 같은 코에 짧은뜨기를 1코 뜬다. 다시 자연스럽게 편물이 회전하며 기초코의 사슬코 산 쪽이 위쪽을 향한다.

43

기초코의 남은 사슬 반코와 사슬코 산을 주우면서 짧은뜨기를 떠 나간다.

44

마지막 코(기초코 중 56번째 코)의 바로 앞까지 뜬 모습.

45

마지막 코에 짧은뜨기를 뜬 모습.

46

이어서 사슬을 2코 뜬 뒤 1단의 첫 번째 코의 짧은뜨기(34) 머리에 빼낸다.

47

1단을 뜬 모습.

48
기호도대로 3단까지 떠서 손잡이를 1개 뜬 모습.

49
똑같이 1개 더 뜬다.

**손잡이 다는 법**
50
실 끝은 20cm 정도 남겨놓는다. 손잡이 다는 위치에 손잡이를 맞대어놓은 뒤 본판의 코와 손잡이의 코에 바늘을 넣고 실을 걸어서 빼낸다.

51
빼낸 모습.

52
본판과 손잡이의 다음 코에 바늘을 넣은 뒤 실을 걸어서 앞쪽으로 끌어낸다. 끌어낸 코를 빼낸다.

53
빼낸 모습.

54
같은 요령으로 마지막 코까지 빼낸다.

55
마지막 코를 뜨고 나면 그대로 바늘에 걸려 있는 실을 앞쪽으로 길게 끌어낸 뒤 20cm 정도 남기고 자른다.

56
실 끝을 돗바늘에 꿴 뒤 본판의 손잡이 다는 위치의 바로 옆 코에 바늘을 넣고 안쪽으로 실을 뺀다.

57
손잡이를 달기 시작하는 쪽도 같은 요령으로 처리한다.

58
편물을 안쪽으로 뒤집은 뒤 우선 손잡이 다는 위치의 마지막 코에 바늘을 넣어 실을 뺀다.

59
손잡이의 1코씩과 본판 1단씩에 바늘을 통과시켜서 감침질로 꿰매 나간다.

60
오른쪽 절반을 꿰맨 모습.

61
손잡이를 달기 시작하는 쪽의 실 끝으로 왼쪽 절반도 같은 요령으로 꿰맨다.

62
오른쪽 절반을 꿰맨 실과 왼쪽 절반을 꿰맨 실을 서로 묶어준다.

63
묶은 실 끝을 편물에 통과시킨 뒤 실을 자른다. 다른 쪽 실 끝도 같은 요령으로 처리한다. 나머지 3군데의 손잡이 다는 위치도 같은 요령으로 달아준다.

## POINT LESSON

### 5 스캘럽 스트링 숄더백  Photo » P.15  How to make » P.58

**1 바구니 부분 뜨는 법**

원형뜨기의 기초코로 코를 만든 뒤 사슬 1코로 기둥코를 만들어 짧은뜨기를 5코 뜬다. 약간 느슨하게 고리를 줄여놓는다. 첫 번째 코에 빼뜨기를 해서 1단을 다 뜬 모습.

2단은 사슬 1코로 기둥코를 만든 뒤 1단을 완전히 감싸듯이 뜨면서 줄여놓았던 고리 속(1의 ★)에 바늘을 넣어 짧은뜨기를 뜬다.

실 끝을 잡아당긴다

1단을 감싸면서 고리 속에 10코를 떠서 2단을 다 뜬 모습. 여기서 한 번 더 실 끝을 잡아당겨서 고리를 완전히 조인다.

3단은 사슬 1코로 기둥코를 만든 뒤 일반적인 방법으로 앞단의 머리를 주워서 짧은뜨기를 뜬다.

3단을 다 뜬 모습. 앞단과 같은 콧수만큼 뜨기 때문에 고리가 밖으로 펼쳐지지 않고 3단이 2단 머리의 바깥 둘레에 그대로 겹쳐 올라가는 모양이 된다.

4단은 사슬 1코로 기둥코를 만든 뒤 3단을 완전히 감싸듯이 뜨면서 2단의 머리(☆)를 주워 1코에 2코 짧은뜨기를 뜬다.

4단을 다 뜬 모습. 이후 같은 요령으로, 홀수 단은 일반적인 짧은뜨기, 짝수 단은 2단 앞의 머리를 주워 앞단을 감싸면서 코를 늘리며 뜬다.

12단까지 뜬 모습. 16단까지는 코를 늘리면서 뜬다. 바닥면에 이어서 옆면은 증감 없이 같은 요령으로 뜬다.

---

### 9 와유족 스타일 마르쉐 백  Photo » P.18  How to make » P.66

※ 알아보기 쉽도록 실의 색을 바꿨습니다

**1 메리야스 짧은뜨기**

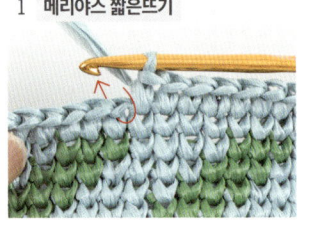

짧은뜨기를 뜨는 요령으로 뜨는데, 여기서는 앞단의 다리 한가운데에 바늘을 넣어서 뜬다.

바늘을 넣은 모습. 오른쪽 사진은 안에서 본 모습.

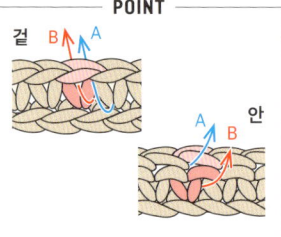

**POINT**

겉 / 안

일반적인 짧은뜨기는 A에 바늘을 넣지만 여기서는 B에 바늘을 넣어서 뜬다

바늘을 넣는 위치를 제외하고는 일반적인 짧은뜨기와 같은 요령으로 뜬다.

**4 메리야스 짧은뜨기의 배색뜨기**

메리야스 짧은뜨기를 뜨는 요령으로, 앞단의 다리 한가운데에 바늘을 넣는다(안에 감싸면서 뜬 실을 피해서 위쪽을 의식하면서 뜨면 쉽게 뜰 수 있다).

감싸면서 뜨는 실을 편물에 나란히 놓은 상태에서, 바늘 끝에 뜨고 있는 실을 걸어서 앞쪽으로 끌어낸다.

한 번 더 바늘 끝에 실을 건 뒤 바늘에 걸려 있는 고리 2개를 한 번에 빼낸다(짧은뜨기를 뜨는 요령).

메리야스뜨기의 배색뜨기를 1코 뜬 모습.

# 14 두 가지 스타일로 즐기는 투웨이 백  Photo » P.22  How to make » P.72

※ 알아보기 쉽도록 실의 색을 바꿨습니다

**1 옆판 뜨는 법**

본판②를 다 뜨고 나면 이어서 사슬 1코를 뜬다.

본판①의 끝에 빼뜨기를 2코 뜬다.

빼뜨기를 2코 뜬 모습.

편물을 뒤집는다.

①의 사슬 반코와 사슬코 산을 주워서 짧은뜨기를 1코 뜬다.

편물을 겉으로 뒤집는다.

⑤-⑥의 ★의 코에 바늘을 넣고, 실을 걸어서 빼낸다.

편물의 겉이 보이는 상태에서 180도 회전시킨다.

★(⑦에서 빼낸 코)의 바로 옆 코에 빼뜨기를 뜬다.

이어서 짧은뜨기와 본판① 쪽의 빼뜨기 2코를 뜬다.

편물을 뒤집는다.

앞단의 짧은뜨기에 짧은뜨기를 2코 떠 넣는다.

다시 편물을 겉으로 뒤집는다.

⑦처럼 실을 걸어서 빼뜨기를 뜬다.

편물의 겉이 보이는 상태에서 180도 회전시킨 뒤 바로 옆 코에 다음 빼뜨기를 뜬다.

짧은뜨기 2코를 뜬다. 이후 같은 요령으로 본판 중앙의 짝수 단의 짧은뜨기만 안을 보면서 뜨고, 나머지는 겉을 보면서 뜬다.

# 16 프린지 크로스백  Photo » P.25  How to make » P.75

### 1 프린지 만드는 법

실은 3가닥으로 뜬다. 본판(앞)의 4단에서 사슬 1코로 기둥코를 만들어 짧은뜨기를 1코 뜬다.

두 번째 코부터 짧은뜨기의 링뜨기를 하는데, 3cm 폭의 두꺼운 종이를 편물에 대고 함께 뜬다.

짧은뜨기를 뜨는 요령으로 앞단의 머리에 바늘을 넣고, 실을 걸어서 앞쪽으로 끌어낸다.

한 번 더 바늘에 실을 건 뒤 바늘에 걸려 있는 고리 2개를 한 번에 빼낸다.

짧은뜨기의 링뜨기를 1코 뜬 모습.

반대쪽은 두꺼운 종이에 실이 걸려서 고리(링)가 만들어진 상태.

두꺼운 종이를 빼낸다

다음 코도 계속해서 ③~⑥과 같은 요령으로 짧은뜨기의 링뜨기로 떠주고, 편물의 마지막 코는 일반적인 짧은뜨기로 뜬다. 4단을 다 뜬 뒤 두꺼운 종이를 빼낸다.

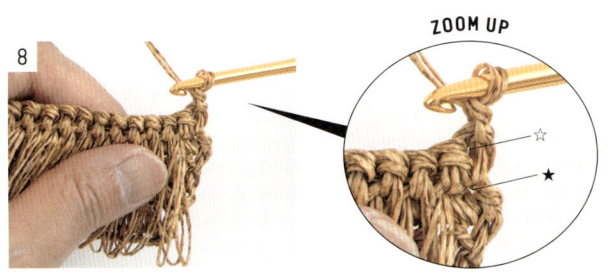

ZOOM UP

5단은 사슬 1코로 기둥코를 만든 뒤 앞단의 머리(☆)가 아닌, 2단 앞의 머리(★)를 주워서 짧은뜨기를 뜬다(링이 늘어나지 않도록 하기 위해).

짧은뜨기 1코를 뜬 모습.

2코 뜬 모습. 링을 옆으로 비켜두고 같은 요령으로 2단 앞의 머리를 주워서 끝까지 뜬다.

5단을 모두 다 뜬 모습.

링의 고리 속에 가위를 넣고 고리를 가지런히 자른다.

# 17 주머니 달린 토트백 Photo » P.26　How to make » P.76

※ 알아보기 쉽도록 주머니의 콧수와 단수를 줄이고, 실의 색도 바꿨습니다

### 1 주머니의 주름 뜨는 법

주머니의 중심(오렌지), 안으로 접는 위치(블루), 밖으로 접는 위치(화이트)에 단수표시링을 달아둔다. 오른쪽의 안으로 접는 위치(①)부터 뜬다.

안으로 접는 위치에서 겉끼리 맞대어 반으로 접은 뒤 접음선이 위쪽에, 바닥 쪽이 오른쪽에 오게 해서 편물을 잡는다. 앞쪽과 뒤쪽의 마지막 코에 바늘을 넣고 실을 빼낸다.

빼낸 모습.

다음도 같은 요령으로, 접음선의 앞쪽 코와 뒤쪽 코에 바늘을 넣은 뒤 실을 걸어서 빼낸다.

빼낸 모습.

같은 요령으로 빼뜨기로 떠 나간다.

반대쪽 끝까지 빼뜨기를 하고 나면 바늘에 걸려 있는 실을 길게 끌어낸 뒤 실을 10cm 정도 남기고 자른다.

실 끝을 돗바늘에 꿰어 빼뜨기를 한 안쪽으로 빼낸 뒤 1코씩 실을 휘감으며 실을 정리한다.

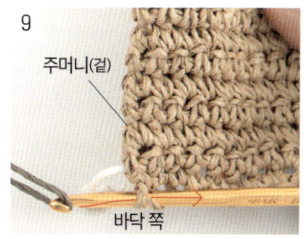

다음은 밖으로 접는 위치에서 안끼리 맞대어 반으로 접은 뒤 접음선이 왼쪽에 오게 해서 편물을 잡는다. 하단의 코(앞쪽 1장)에 바늘을 넣은 뒤 실을 걸어 빼낸다.

빼낸 모습.

다음부터는 접음선의 앞쪽 코와 반대쪽의 뒤쪽 코에 바늘을 넣은 뒤 실을 걸어서 빼낸다.

빼낸 모습.

같은 요령으로 아래쪽에서 위쪽으로 계속 빼뜨기로 떠 나간다. 상단까지 빼뜨기를 하고 나면 7-8과 같은 요령으로 실을 정리한다.

오른쪽에 안으로 접기와 밖으로 접기를 해서 주름이 생긴 모습. 대칭이 되도록 방향에 주의하면서 왼쪽도 같은 요령으로 주름을 만든다.

49

## 18 격자무늬 가방  Photo » P.28   How to make » P.78

※ 알아보기 쉽도록 실의 색을 바꿨습니다

### 1 손잡이 다는 법

손잡이 다는 입구의 4단까지 뜬 모습. 1단의 다리와 4단의 머리에, 중심과 중심에서 10코 간격으로 단수표시링을 달아 맞춤점을 표시한다.

손잡이를 놓아두고, 손잡이 다는 입구의 안을 보며 4단의 머리와 1단의 다리(옆면 윗부분 7단의 사슬 세 번째 코)에 바늘을 넣어서 새로 실을 잇는다.

실을 이어서 빼낸 모습.

다음 코도 같은 요령으로 4단의 머리와 1단의 다리(옆면 윗부분 7단의 기둥코를 다발에서 줍는다)에 바늘을 넣은 뒤 실을 걸어서 빼낸다.

빼낸 모습.

손잡이를 감싸면서 1코씩 빼뜨기로 떠가며 빙 둘러 마지막까지 뜬 모습.

안에서 실을 정리해서 완성한다.

옆면의 안쪽(7의 반대쪽 면)에서 본 모습. 빼뜨기한 실이 거의 눈에 띄지 않는다.

## 23 양 모양 가방  Photo » P.33   How to make » P.88

### 1 모헤어 실을 원형 왕복뜨기로 뜬다

각 단의 뜨기 시작 부분의 코와 뜨기 끝 부분의 코에 단수표시링을 달아둔다. 짝수 단(겉을 보며 뜨는 단)의 마지막 코의 앞까지 뜬 모습.

마지막 코를 뜬 모습.

첫 번째 코에 빼뜨기한다.

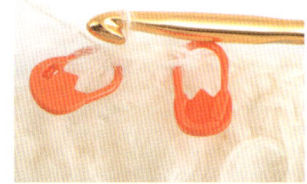

짝수 단의 뜨기 끝 부분. 단수표시링은 뜨개질을 할 때 빼두었다가 뜨고 나면 곧바로 달아둔다. 홀수 단도 뜨기 시작 부분과 뜨기 끝 부분에 주의하며 뜬다.

## 26 감싸뜨기로 뜨는 가방  Photo » P.36   How to make » P.60

### 1 감싸뜨기 뜨는 법

가방의 바닥면은 사슬 23코로 기초코를 만들어 뜬다.

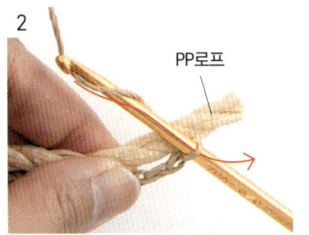

뜨는 실 위에 로프를 올려두고, 실을 걸어서 기둥코가 될 사슬 1코를 뜬다.

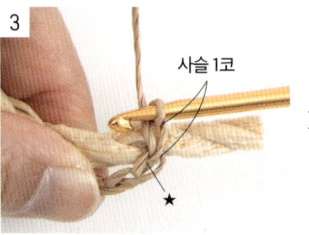

사슬 1코를 뜬 모습. 사슬의 겉 2개와 사슬 코 산 사이에 로프가 지나가고 있다.

기초코 중 23번째 코의 사슬 반코(3의 ★)에 바늘을 넣은 뒤 로프 아래쪽을 지나가며 바늘 끝에 실을 걸어 앞쪽으로 끌어낸다.

5
한 번 더 바늘 끝에 실을 걸고, 바늘에 걸려 있는 고리 2개를 한 번에 빼낸다.

6
로프를 감싸면서 짧은뜨기를 1코 뜬 모습.

7
같은 요령으로 기초코의 반코를 주우면서 짧은뜨기를 뜬다. 5코 이상 뜨고 나면 로프를 뜨기 시작 부분 쪽과 바싹 붙을 정도로 잡아당긴다.

8
계속해서 로프를 감싸면서 마지막 코(기초코 중 첫 번째 코)의 바로 앞까지 뜬다.

9
마지막 코에 짧은뜨기를 7코 떠 넣는데, 3~4코 뜨고 나면 로프를 반으로 접고 계속 뜬다.

10
마지막 코에 7코 떠 넣은 모습. 자연스럽게 편물이 회전하며 기초코의 사슬코 산 쪽이 위쪽을 향한다.

11
기초코의 남은 반코와 사슬코 산을 주워서 같은 요령으로 짧은뜨기를 뜬다. 반대쪽의 마지막 코(기초코 중 23번째 코)의 바로 앞까지 뜬 모습.

12
마지막 코에 짧은뜨기를 6코 떠 넣는데, 로프를 뜨기 시작 부분 쪽을 따라 구부려서 짧은뜨기의 다리가 겹치지 않도록 정리하면서 뜬다.

13
마지막 코에 6코 뜬 모습. 1단의 뜨기 끝 부분.

14
2단부터는 기둥코 없이 앞단의 머리를 주워서 뜬다. 각 단의 첫 번째 코를 뜨고 나면 단수표시링을 달아서 뜨기 시작 부분을 알 수 있게 한다.

15
4단까지 뜬 모습.

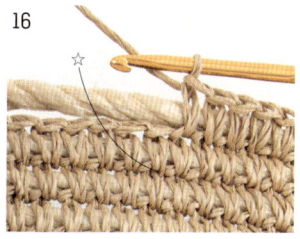
16
계속해서 뜨개도안대로 떠서 옆면의 마지막 5코 앞까지 뜬 모습.

17
다음 코는 2단 앞의 머리(⑯의 ☆)를 주워서 짧은뜨기를 뜬다.

18
나머지 4코도 같은 요령으로 2단 앞의 머리를 주워서 뜨는데, 조금씩 다리를 짧게 뜬다(로프는 뒤쪽에 겹친다).

19
안쪽에서 로프를 바싹 자른다.

20
실을 정리한 뒤 뜨기 끝 부분과 뜨기 시작 부분의 로프에 접착제를 발라 고정시킨다.

## 이 책에서 사용한 실

### 하마나카

**에코안다리아**
레이온 100% / 40g(약 80m) / 51색

**엑시드 울 L 병태사**
울 100%(엑스트라 파인 메리노 사용) / 40g(약 80m) / 37색

**메리노 울 퍼**
울(메리노 울) 95%, 나일론 5% / 50g(약 78m) / 8색

### 메르헨아트

**마닐라 헴프 얀**
식물섬유(마닐라 삼) 100% / 약 20g(약 50m) / 22색

**마닐라 헴프 얀 · 스테인 시리즈**
식물섬유(마닐라 삼) 100% / 약 20g(약 50m) / 5색

**마닐라 헴프 레이스**
식물섬유(마닐라 삼) 100% / 약 20g(약 160m) / 16색

### 다루마

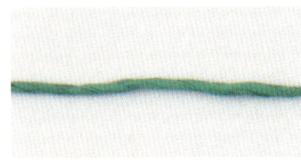

**사사와시**
분류 외 섬유(곰대나무로 만든 일본 종이) 100%(발수가공제) / 25g(약 48m) / 15색

**울 로빙**
울 100% / 50g(약 75m) / 7색

**메리노 스타일 극태사**
울(메리노 울) 100% / 40g(약 65cm) / 12색

**이로이로**
울 100% / 20g(약 70m) / 50색

### 퍼피

**리피**
분류 외 섬유(종이) 100% / 40g(170m) / 16색

**브리티시 에로이카**
울 100%(영국 양모 50% 이상 사용) / 50g(83m) / 35색

**퀸 애니**
울 100% / 50g(97m) / 55색

**유리카 모헤어**
모헤어 86%(슈퍼키드 모헤어 사용), 울 8%(엑스트라 파인 메리노 사용), 나일론 6% / 40g(102m) / 14색

**페리지**
알파카 63%(베이비 알파카 사용), 나일론 26%, 울 11% / 50g(88m) / 8색

사진은 모두 실물 크기

# HOW TO MAKE

## 12 카드 홀더 Photo » P.20

**[재료 및 도구]**
하마카 에코안다리아 오프 화이트(168) 12g, 그린(17) 4g(각 1타래), 코바늘 5/0호

**[완성 사이즈]**
폭 6.5cm×깊이 9cm (끈 제외)

**[게이지]**
메리야스 짧은뜨기의 배색뜨기 20코×20단=사방 10cm

**[뜨개 포인트]**
● 본판은 사슬뜨기로 기초코를 만들어서 원통으로 만든 뒤 도안처럼 메리야스 짧은뜨기의 배색뜨기(P.46 참조)로 18단까지 뜬다. 1단부터 18단까지 실을 감싸면서 뜬다. 본판을 다 뜨고 나면 이어서 스레드 코드로 끈을 뜬다. 스레드 코드의 감아나가는 실은 실타래의 반대쪽부터 사용한다. 180코를 뜨고 나면 본판의 지정된 위치에 바탕실과 감아나가는 실을 빼낸 뒤 실을 자른다.
● 바닥은 2장을 맞대어놓고 빼뜨기로 잇는다.

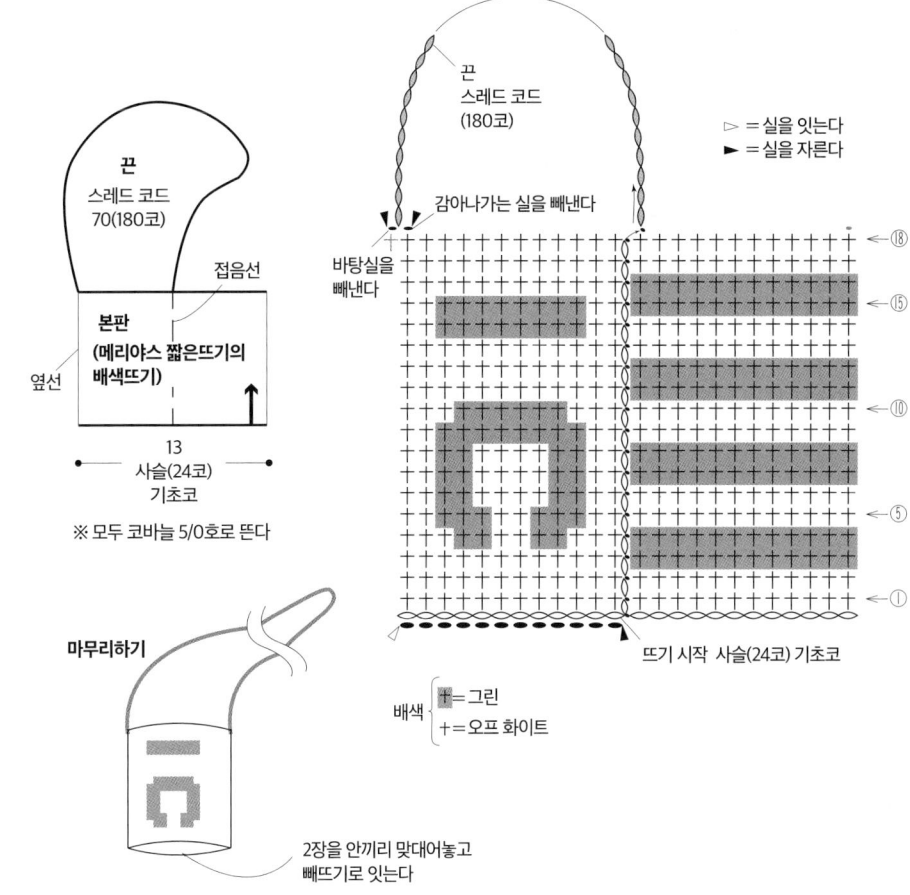

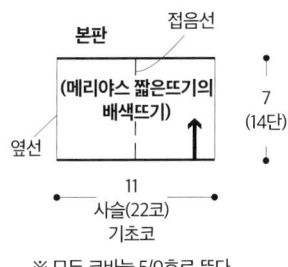

---

## 13 열쇠 케이스 Photo » P.20

**[재료 및 도구]**
하마카 에코안다리아 베이지(23) 7g, 블랙(30) 1g(각 1타래), 코바늘 5/0호

**[완성 사이즈]**
폭 5.5cm×깊이 7cm

**[게이지]**
메리야스 짧은뜨기의 배색뜨기 20코×20단=사방 10cm

**[뜨개 포인트]**
● 본판은 사슬뜨기로 기초코를 만들어서 원통으로 만든 뒤 도안처럼 메리야스 짧은뜨기의 배색뜨기(P.46 참조)로 14단까지 뜬다. 1단부터 14단까지 실을 감싸면서 뜬다. 14단까지 뜨고 나면 접음선을 만들듯이 납작하게 눌러서 짧은뜨기로 잇는다. 중앙의 3코는 겉쪽만을 주워서 뜬다.

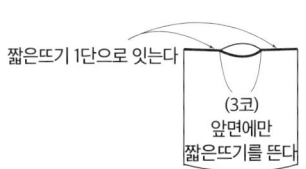

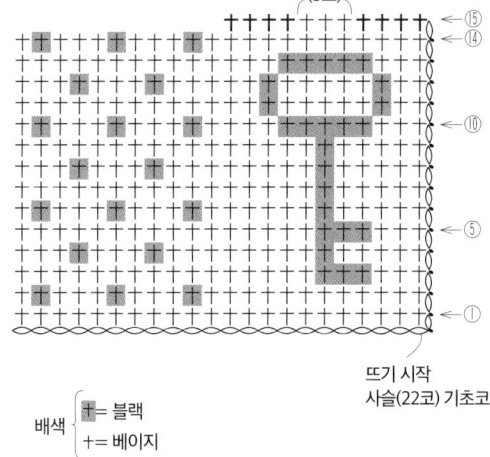

# 2 메르카도 토트백 Photo » P.10

### [재료 및 도구]

메르헨아트 마닐라 헴프 얀 머스터드(521) 119g(6타래), 화이트(500) 74g(4타래), PP로프(라이트 옐로) 지름 5mm×길이 32cm 2개, 코바늘 5/0호 · 6/0호

### [완성 사이즈]

입구 둘레 80cm×깊이 22cm (손잡이 제외)

### [게이지]

짧은뜨기 20코×19단=사방 10cm, 짧은뜨기의 배색뜨기 20코×18단=사방 10cm

### [뜨개 포인트]

- 바닥면은 사슬뜨기 60코로 기초코를 만든 뒤 도안처럼 증감 없이 짧은뜨기로 19단까지 뜨고 실을 자른다.
- 이어서 옆면은 도안처럼 바닥면의 중심에 실을 이은 뒤 짧은뜨기의 배색뜨기(가로로 실을 걸쳐 감싸면서 뜬다)로 원형 왕복뜨기로 40단까지 뜬다. 뜨기 끝 부분은 같은 요령으로 실을 가로로 걸치면서 빼뜨기로 1단을 뜬다.
- 손잡이는 사슬뜨기 6코로 기초코를 만든 뒤 증감 없이 짧은뜨기로 58단까지 뜬다.
- 도안처럼 손잡이의 편물로 로프를 감싼 뒤 지정된 위치에 꿰매어 완성한다.

**손잡이**
**(짧은뜨기)**
2개 / 코바늘 5/0호 /
머스터드

**손잡이**

**본판**

**마무리하기**

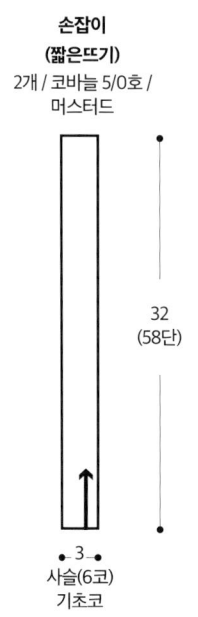

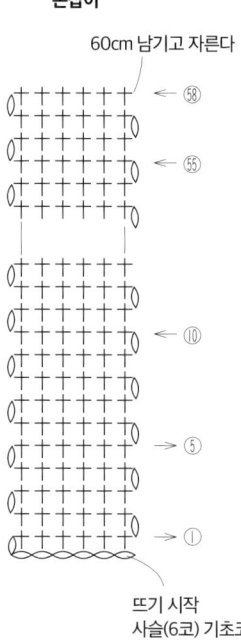

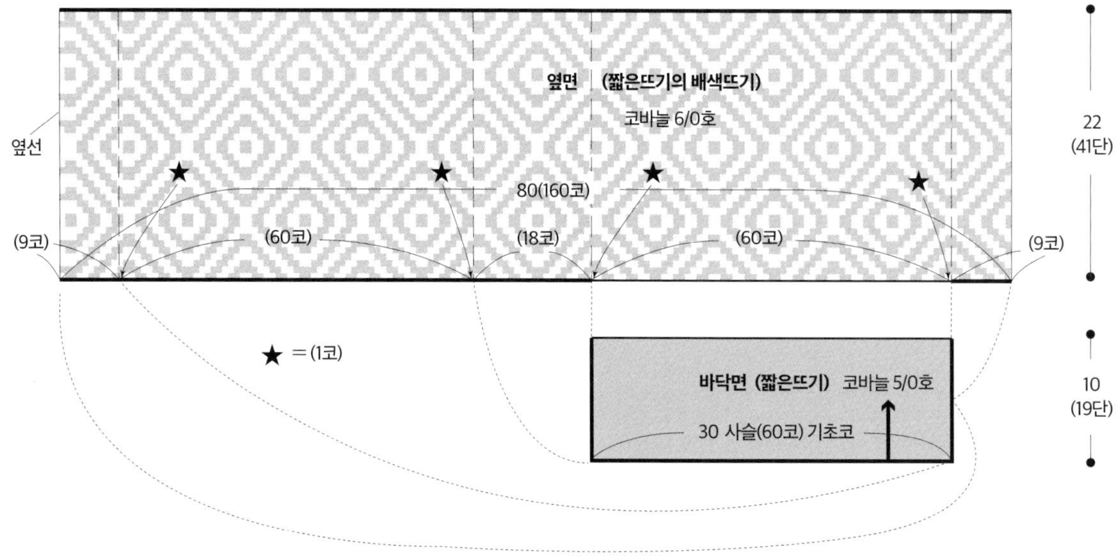

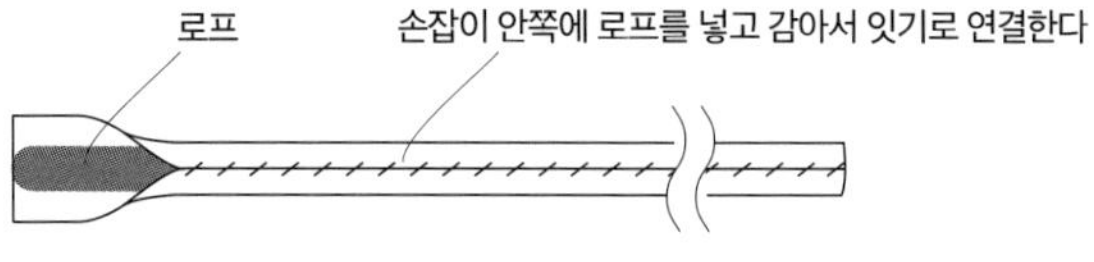

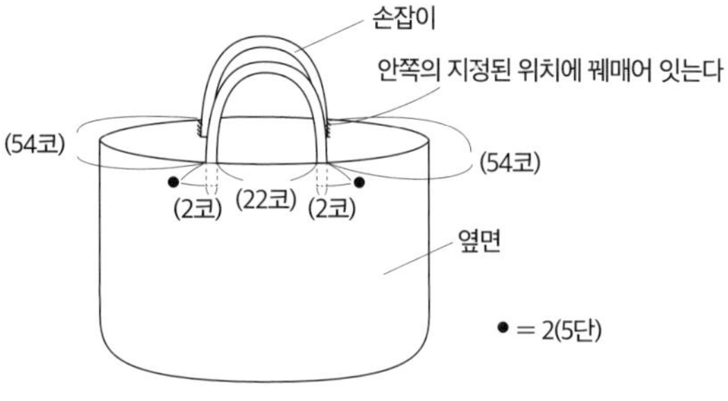

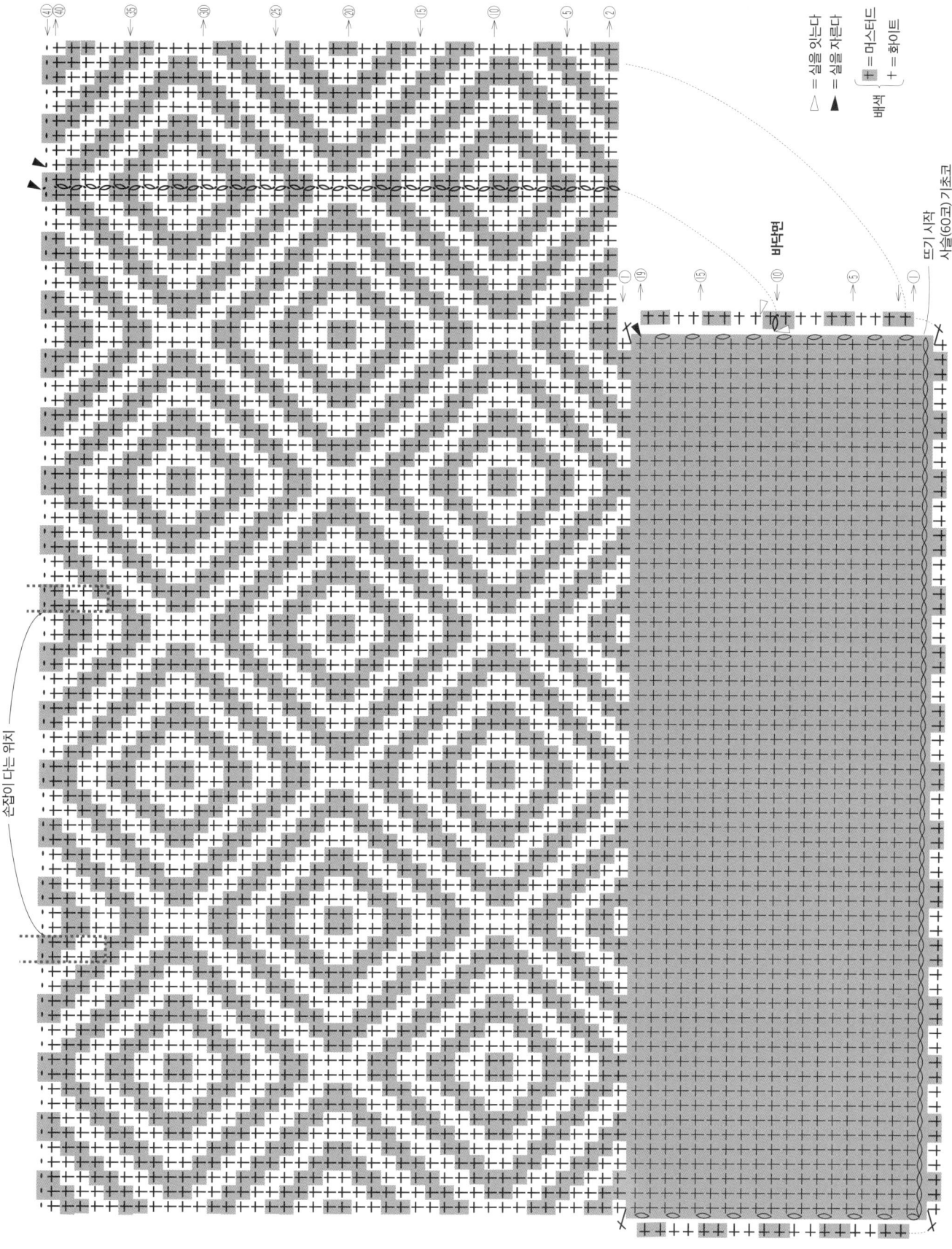

# 4 클로버 네트 백 Photo » P.12

**[재료 및 도구]**

다루마 사사와시 그린(14) 125g(5타래), 코바늘 5/0호 · 6/0호

**[완성 사이즈]**

폭 38cm×깊이 34.5cm (손잡이 제외)

**[게이지]**

무늬뜨기, 모눈뜨기 모두 18.5코×8.5단=사방 10cm (증감 없이 뜬 경우)

**[뜨개 포인트]**

● 바닥면은 원형뜨기의 기초코로 코를 만든 뒤 무늬뜨기로 도안처럼 코를 늘리면서 12단까지 뜬다. 이어서 옆면을 모눈뜨기로 코를 증감하며 12단까지 뜬다. 뜨기 끝 부분은 실을 자르지 않고 그대로 둔다.
● 본판의 지정된 위치에 실을 이어서 한길긴뜨기로 1단을 뜬다. 계속해서 손잡이를 만들 사슬 40코를 뜬 뒤 뜨기 시작 부분의 기둥코의 사슬 세 번째 코에 빼뜨기를 하고 실을 자른다(2군데). 본판의 뜨기 끝 부분의 실로 한길긴뜨기를 뜬 뒤 손잡이 부분은 사슬의 사슬코 산을 주워서 한 바퀴 뜬다.

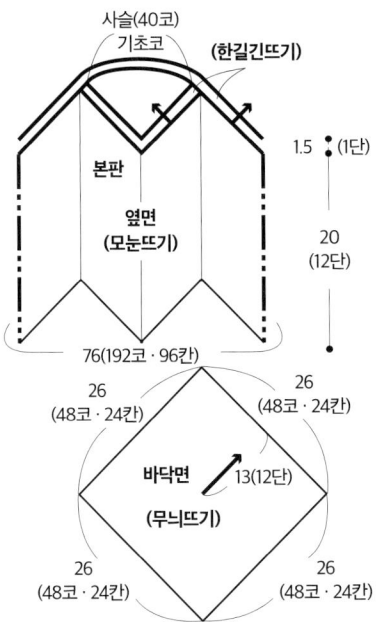

※ 바닥면의 1~8단과 손잡이의 한길긴뜨기는 코바늘 5/0호, 바닥면의 9~12단과 옆면의 1~12단은 코바늘 6/0호로 뜬다

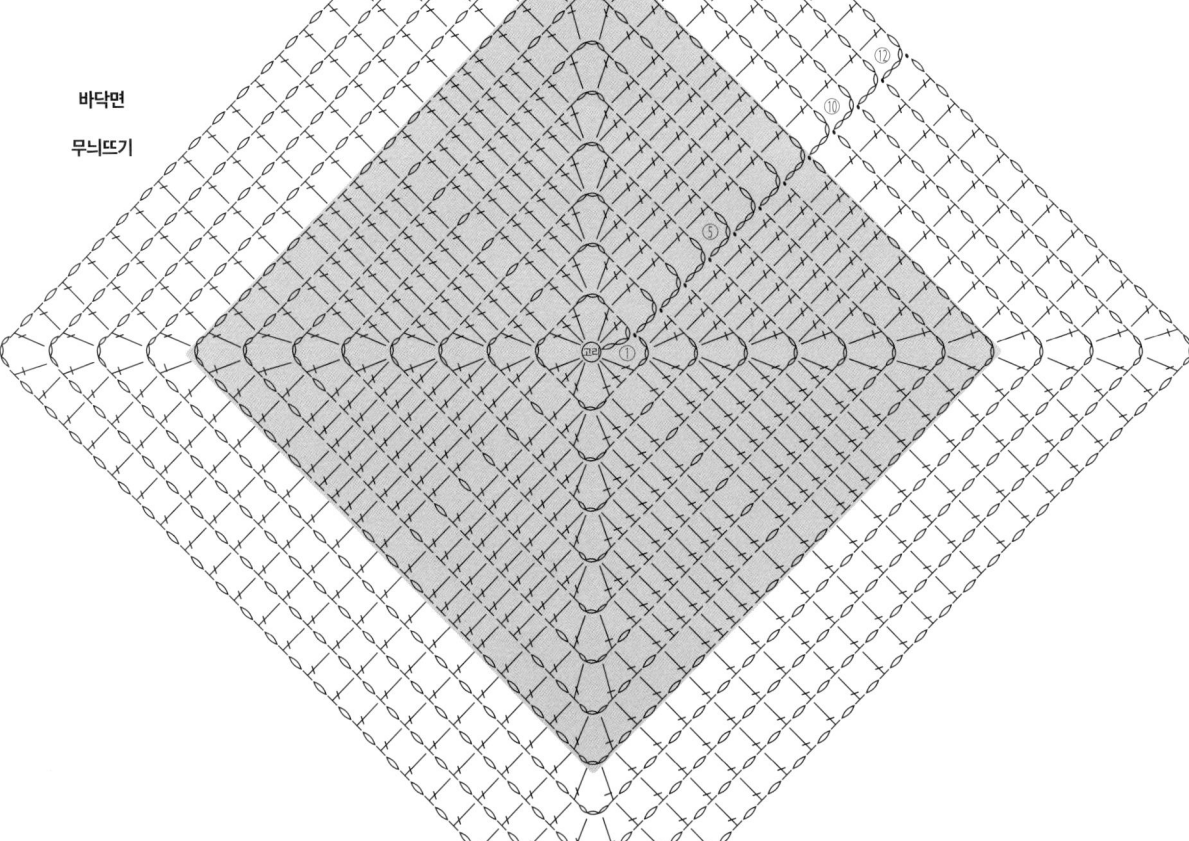

바닥면
무늬뜨기

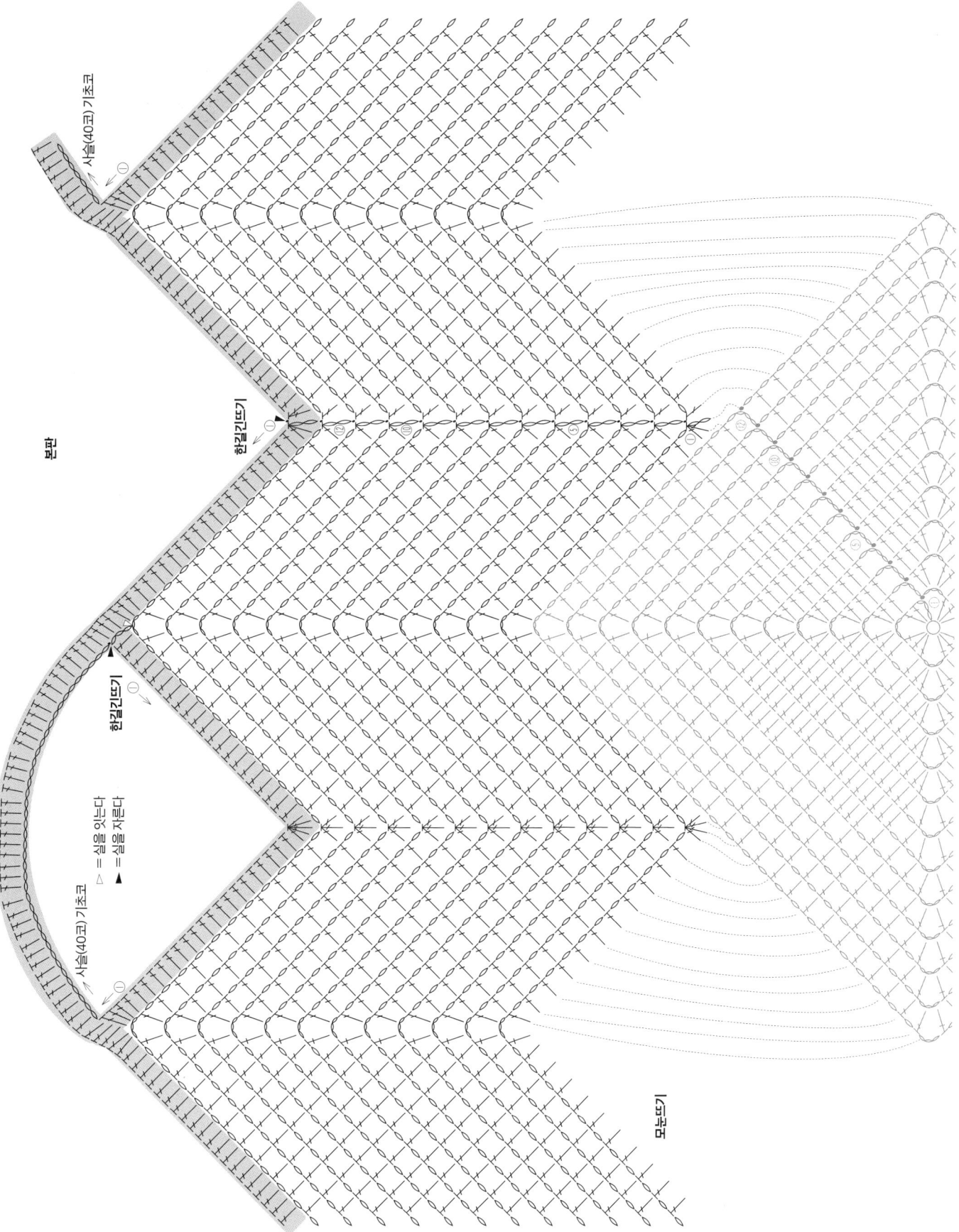

# 5 스캘럽 스트링 숄더백 Photo » P.15

[재료 및 도구]

메르헨아트 마닐라 헴프 얀·스테인 시리즈 옐로 브라운(542) 60g(3타래), 리넨 원단(블랙) 90cm×54cm, 코바늘 6/0호

[완성 사이즈]

입구 둘레 58cm×바구니 부분의 깊이 10cm

[게이지]

무늬뜨기 14코×20단=사방 10cm

[뜨개 포인트]

● 바구니 부분의 바닥면은 원형뜨기의 기초코로 코를 만든 뒤 P.46과 도안을 참조해서 코를 늘리면서 무늬뜨기로 16단까지 뜬다. 이어서 옆면은 증감 없이 무늬뜨기로 20단까지 뜬다.
● 스트링 파우치(위)는 리넨 원단으로 '스트링 파우치(위) 만들기'를 참조해서 만든다.
● 바구니 부분의 위쪽 4단만큼과 스트링 파우치(위)의 아래쪽을 겹쳐서 꿰매준다.

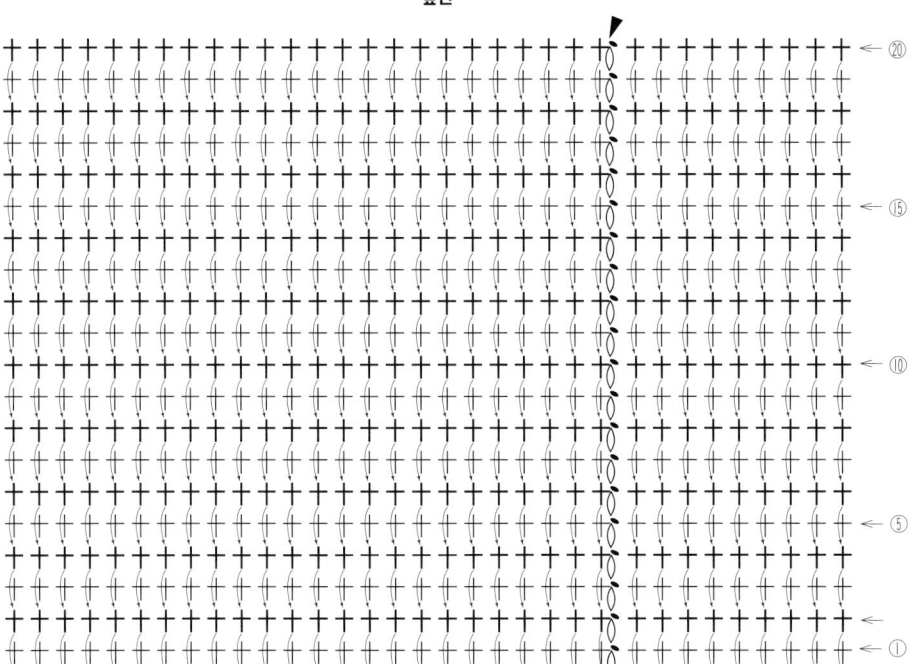

바닥면의 콧수표

| 단수 | 콧수 | |
|---|---|---|
| 16단 | 80코 | (+10코) |
| 15단 | 70코 | |
| 14단 | 70코 | (+10코) |
| 13단 | 60코 | |
| 12단 | 60코 | (+10코) |
| 11단 | 50코 | |
| 10단 | 50코 | (+10코) |
| 9단 | 40코 | |
| 8단 | 40코 | (+10코) |
| 7단 | 30코 | |
| 6단 | 30코 | (+10코) |
| 5단 | 20코 | |
| 4단 | 20코 | (+10코) |
| 3단 | 10코 | |
| 2단 | 10코 | (+5코) |
| 1단 | 5코 | |

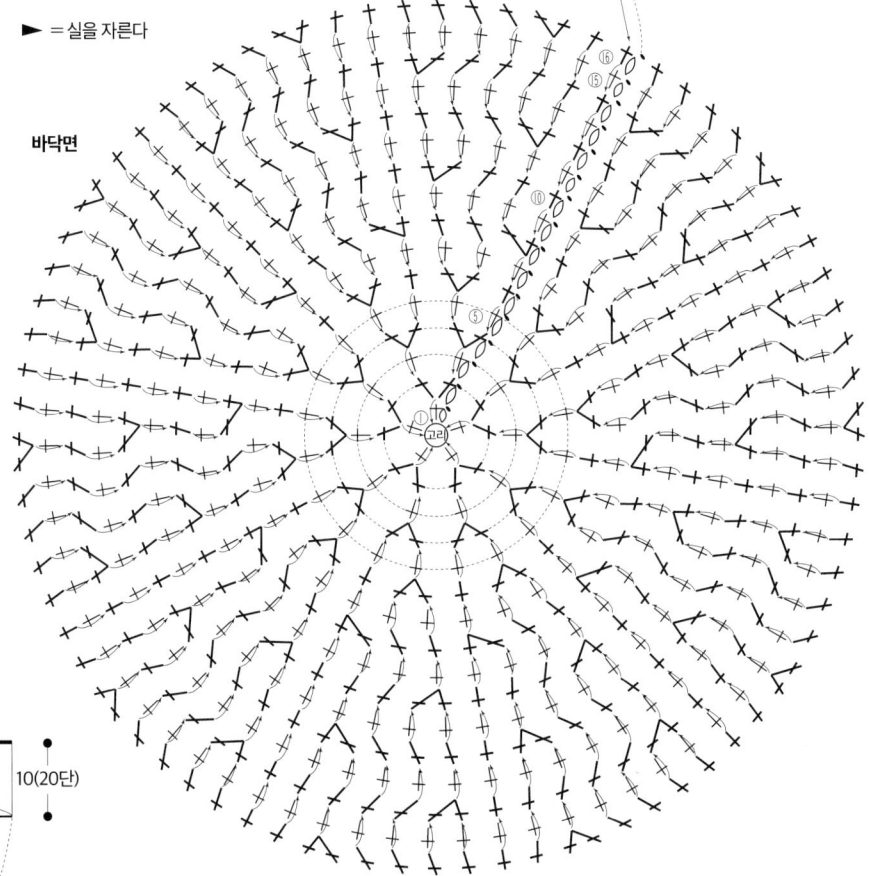

► = 실을 자른다

바구니 부분

옆선 — 옆면 (무늬뜨기) — 10(20단)
58(80코)

※ 모두 코바늘 6/0호로 뜬다

바닥면 (16단) (무늬뜨기) (80코)

— 16 —

+ ← 2단 앞의 짧은뜨기 머리를 주워서 뜬다

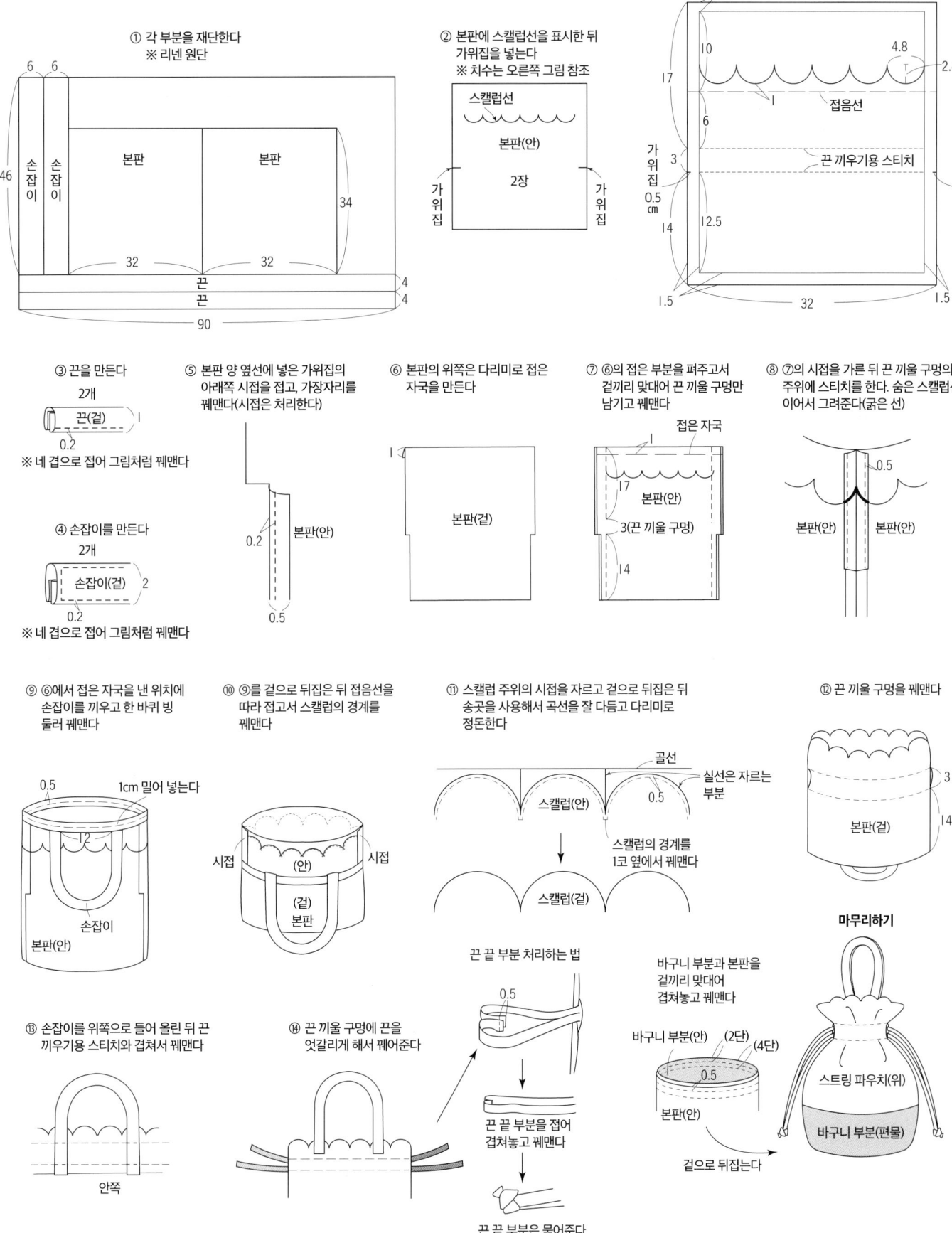

# 26 감싸뜨기로 뜨는 가방 Photo » P.36

**[재료 및 도구]**
다루마 사사와시 라이트 브라운(2) 147g(6타래),
PP로프(라이트 옐로) 지름 5mm×길이 21m, 코바
늘 6/0호

**[완성 사이즈]**
입구 둘레 85cm×깊이 18.5cm (손잡이 제외)

**[게이지]**
짧은뜨기의 감싸뜨기 17코×10단=사방 10cm

**[뜨개 포인트]**
● P.50-51을 참조해서 뜬다. 바닥면은 사슬뜨기 23코로 기초코를 만든 뒤 지정된 위치에서 코를 늘리면서 로프를 감싸면서 짧은뜨기의 감싸뜨기로 10단까지 뜬다. 계속해서 증감 없이 18단을 뜬다. 뜨기 시작 부분과 뜨기 끝 부분의 로프에 본드를 발라 올이 풀리지 않도록 해둔다.
● 손잡이는 본판과 같은 요령으로 2개 뜬다.
● 손잡이를 본판의 지정된 위치에 감침질로 달아준다.

| 바닥면의 콧수표 | | |
|---|---|---|
| 단수 | 콧수 | |
| 10단 | 146코 | (+20코) |
| 9단 | 126코 | |
| 8단 | 126코 | (+20코) |
| 7단 | 106코 | |
| 6단 | 106코 | (+20코) |
| 5단 | 86코 | |
| 4단 | 86코 | (+20코) |
| 3단 | 66코 | |
| 2단 | 66코 | (+10코) |
| 1단 | 56코 | |

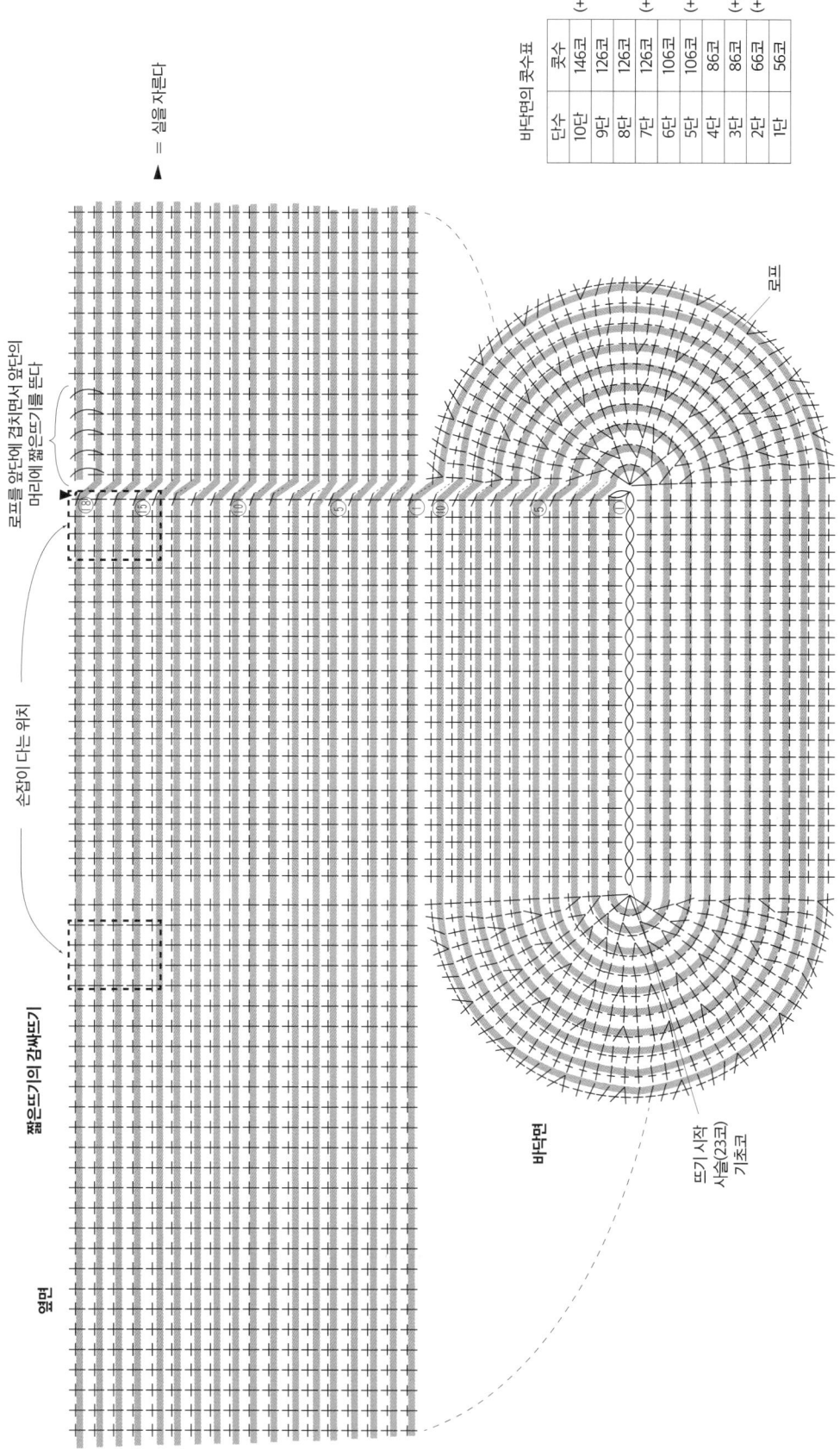

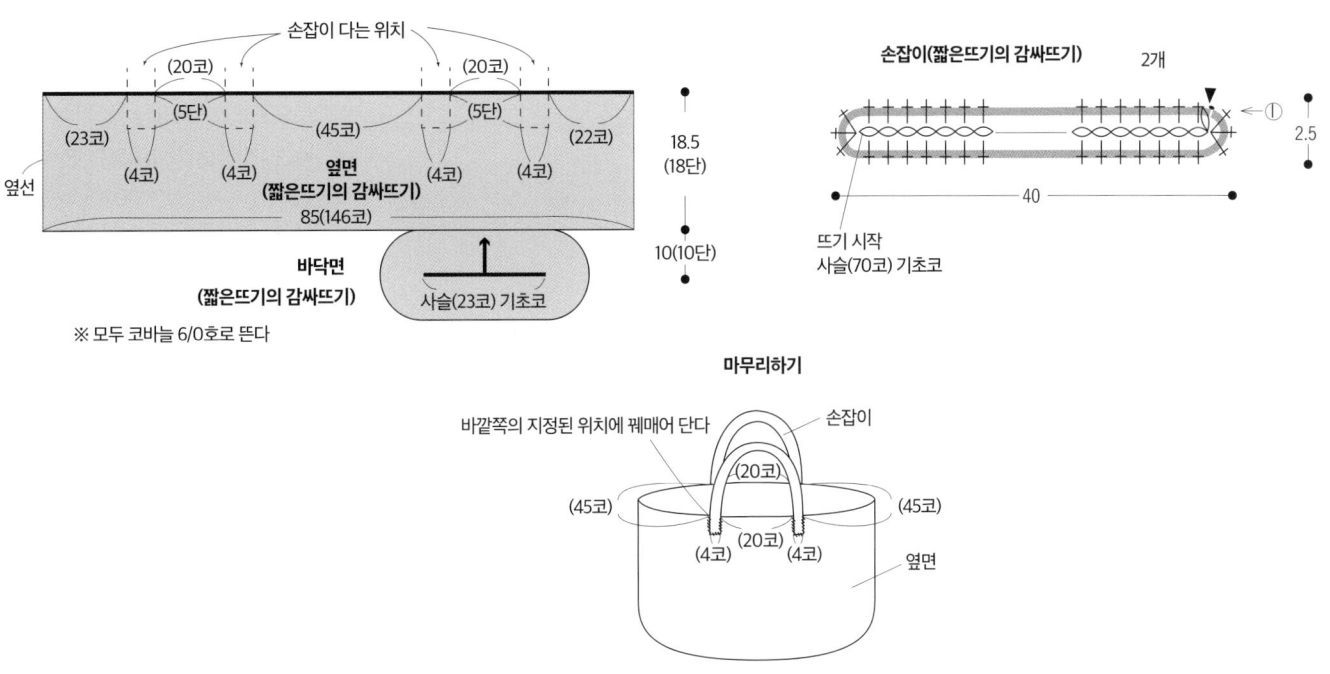

## 3 스퀘어 모티브 백  Photo » P.10

[재료 및 도구]
하마나카 에코안다리아 베이지(23) 173g(5타래), 블랙(30) 34g(1타래), 코바늘 6/0호

[완성 사이즈]
입구 둘레 92cm×깊이 25.5cm (손잡이 제외)

[게이지]
모티브의 크기 23cm×23cm

[뜨개 포인트]
● 모티브는 원형뜨기의 기초코로 코를 만든 뒤 P.62의 도안처럼 코를 늘리면서 10단까지 뜬다. 모티브를 5장 뜨는데, 바닥면의 모티브만 9·10단이 다르므로 주의해서 뜬다.
● '뜨는 순서'를 참조해서 완성한다.

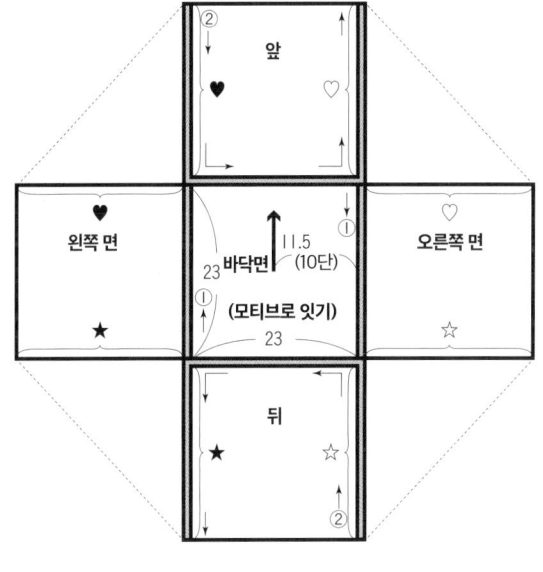

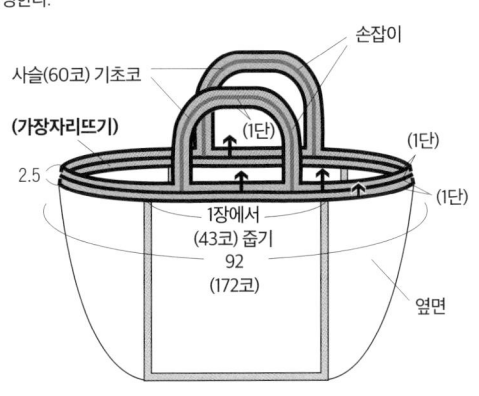

※ 모두 코바늘 6/0호로 뜬다      ▬▬▬ =짧은뜨기로 잇기
※ 같은 기호끼리 맞춘다
①, ②의 순으로 잇는다

뜨는 순서
① 모티브를 5장 뜬 뒤 도안을 참조해서 안끼리 맞대어놓고 짧은뜨기로 잇기를 한다.
② 옆면의 뚫린 부분에 빙 둘러 가장자리뜨기를 1단 뜬 뒤 실을 쉬어둔다.
③ 손잡이의 지정된 위치에 실을 잇고 사슬 60코를 뜬다(2군데). 손잡이 안쪽을 1단 뜬다.
④ ②의 쉬어두었던 곳에서부터, 뚫린 부분과 손잡이 바깥쪽을 빙 둘러 1단 뜬다.

※ P.62에 계속

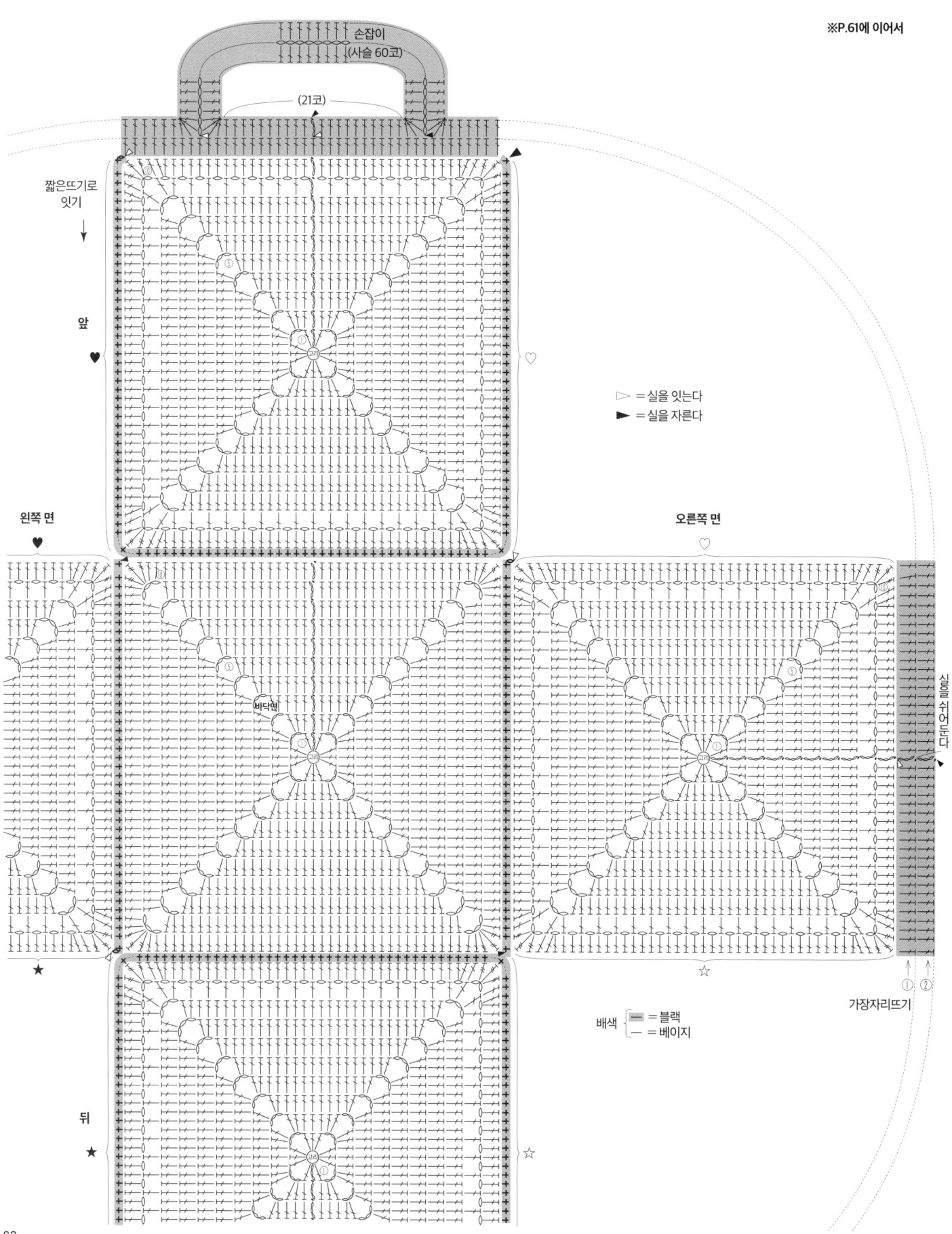

# 8 솔잎뜨기 라인 네트 백  Photo » P.17

**[재료 및 도구]**

하마나카 에코안다리아 골드(170) 89g(3타래), 코바늘 6/0호

**[완성 사이즈]**

입구 둘레 68cm×깊이 22.5cm (손잡이 제외)

**[게이지]**

무늬뜨기 17.5코×11단=사방 10cm

**[뜨개 포인트]**

● 바닥면은 원형뜨기의 기초코로 코를 만든 뒤 P.64의 도안을 참조해서 코를 늘리면서 한길긴뜨기로 10단까지 뜬다. 이어서 옆면은 증감 없이 무늬뜨기로 17단까지 뜨고 실을 자른다. 지정된 위치에 실을 이은 뒤 양 끝에서 코를 줄이면서 6단까지 뜬다(4군데).

● 지정된 위치에 실을 이어서 한길긴뜨기로 1단을 뜬 뒤 계속 이어서 손잡이의 사슬 50코를 뜬다. 뜨기 시작 부분의 기둥코 사슬 세 번째 코에 빼뜨기를 한 뒤 실을 자른다(2군데). 한길긴뜨기를 뜨고, 손잡이 부분은 사슬의 사슬코 산을 주워서 한 바퀴 뜬다.

※P.64에 계속

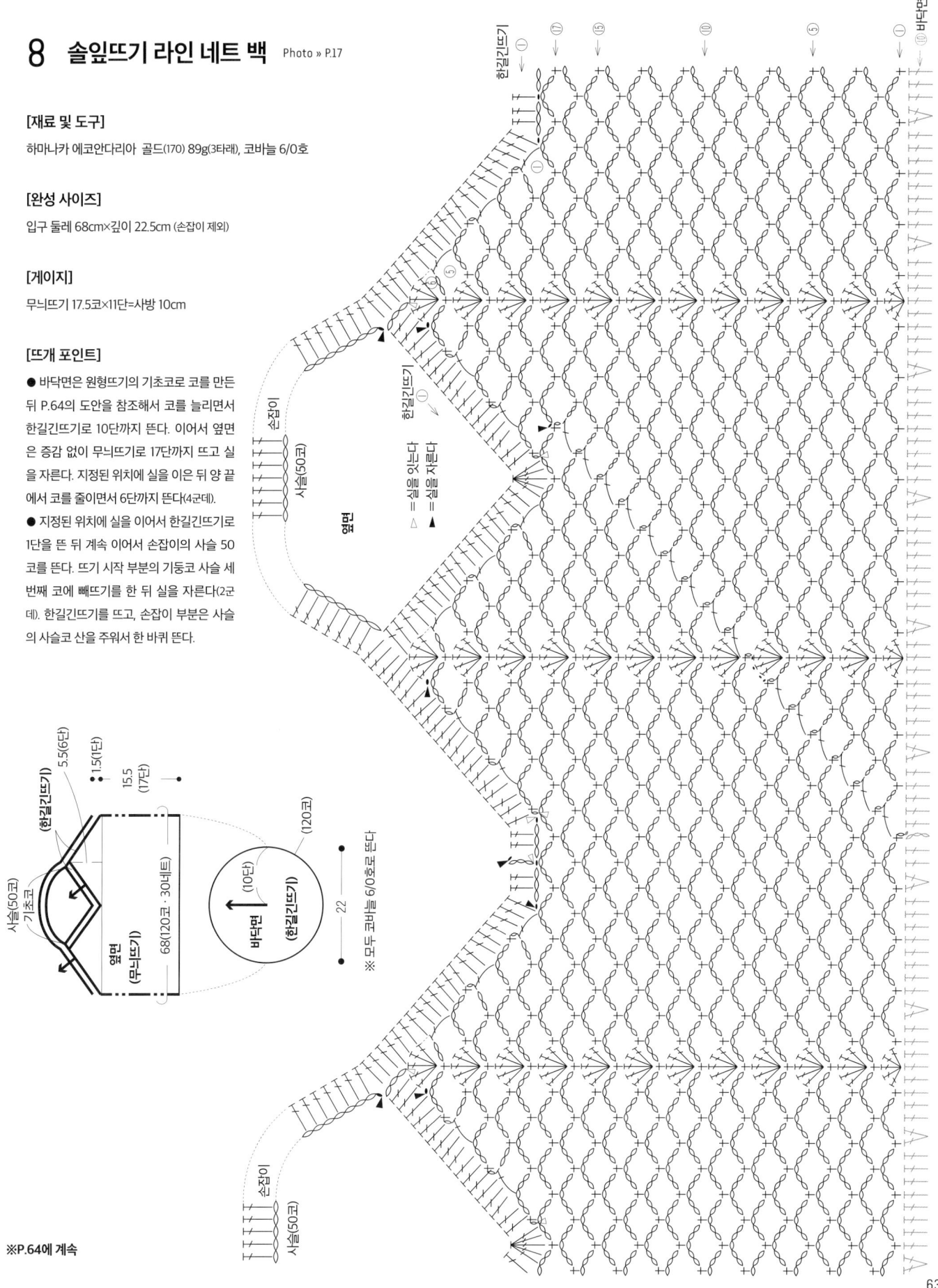

※P.63에 이어서

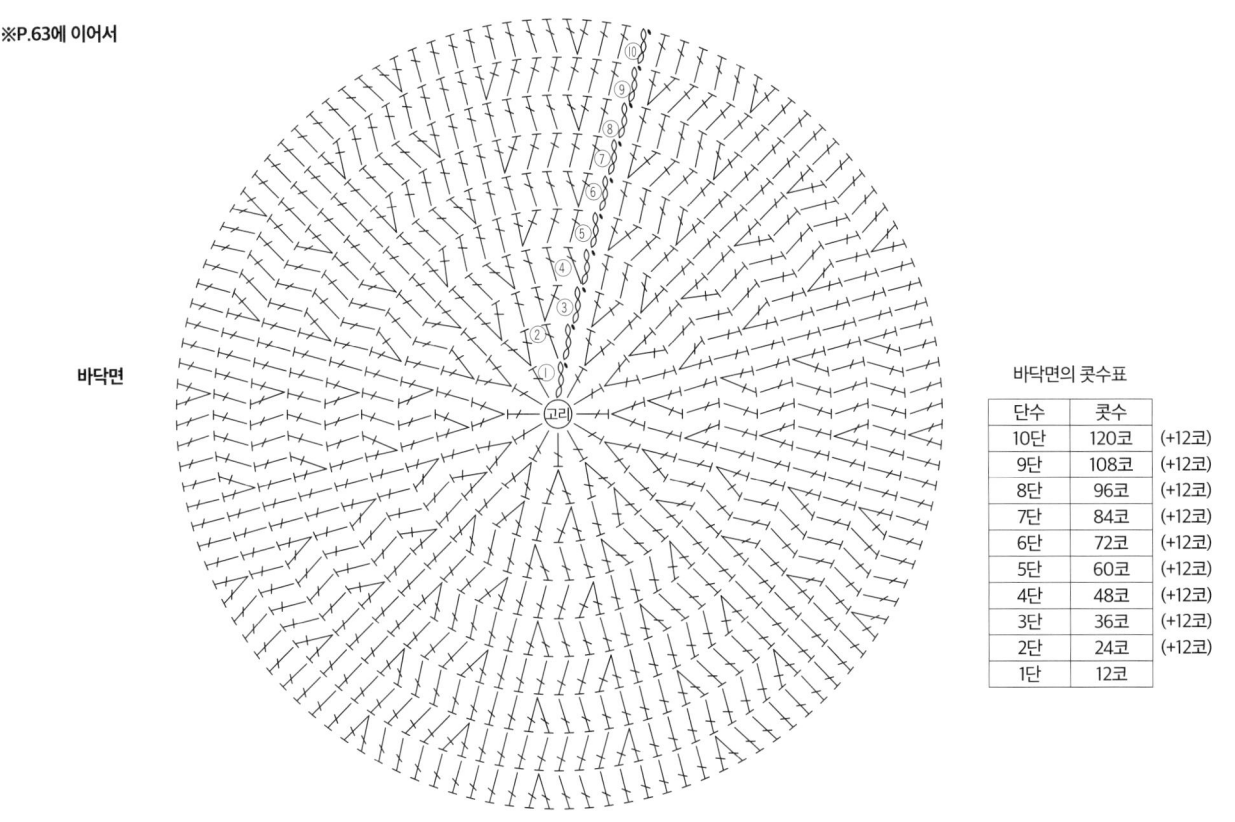

바닥면

**바닥면의 콧수표**

| 단수 | 콧수 | |
|---|---|---|
| 10단 | 120코 | (+12코) |
| 9단 | 108코 | (+12코) |
| 8단 | 96코 | (+12코) |
| 7단 | 84코 | (+12코) |
| 6단 | 72코 | (+12코) |
| 5단 | 60코 | (+12코) |
| 4단 | 48코 | (+12코) |
| 3단 | 36코 | (+12코) |
| 2단 | 24코 | (+12코) |
| 1단 | 12코 | |

# 7  모눈뜨기로 뜨는 에코 백 Photo » P.16

[재료 및 도구]
하마나카 에코안다리아 플래티늄(174) 103g(3타래), 코바늘 6/0호

[완성 사이즈]
폭 29cm×깊이 25cm (손잡이 제외)

[게이지]
모눈뜨기 24.5코×19단=사방 10cm

[뜨개 포인트]
● 사슬뜨기 97코로 기초코를 만든 뒤 모눈뜨기로 도안처럼 23단까지 뜬다. 이어서 손잡이 오른쪽의 중앙에서 코를 줄이면서 13단까지 뜨고, 왼쪽은 실을 이어서 같은 요령으로 13단까지 뜬다. 똑같이 1장 더 뜬 뒤 뜨기 끝 부분을 감아서 잇기로 연결한다.
● 본판을 겉끼리 맞대어놓고 옆선을 짧은뜨기와 사슬로 꿰매어 잇는다. 겉으로 뒤집은 뒤 손잡이를 접음선을 따라 접어 넣고, 안쪽의 가장자리뜨기를 뜬다. 지정된 위치는 접어 넣은 옆판을 함께 주워서 뜬다.
● 옆판을 접어 넣고, 밑단 쪽을 짧은뜨기와 사슬로 잇는다. 옆판 부분은 4면을 겹쳐서 떠준다.

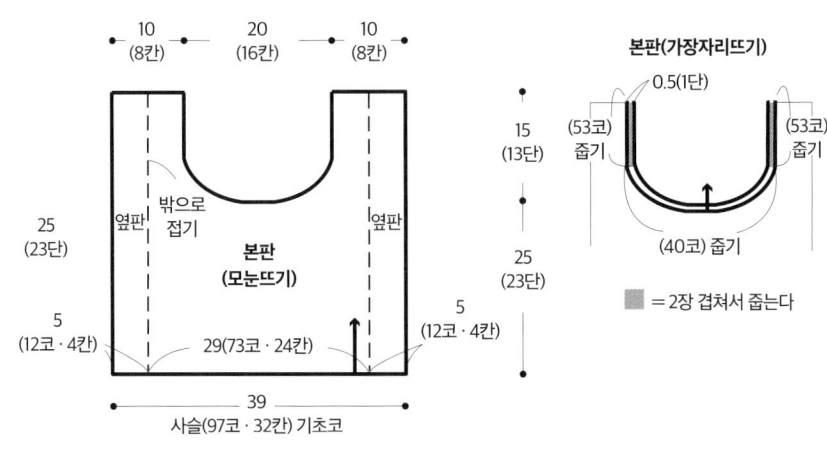

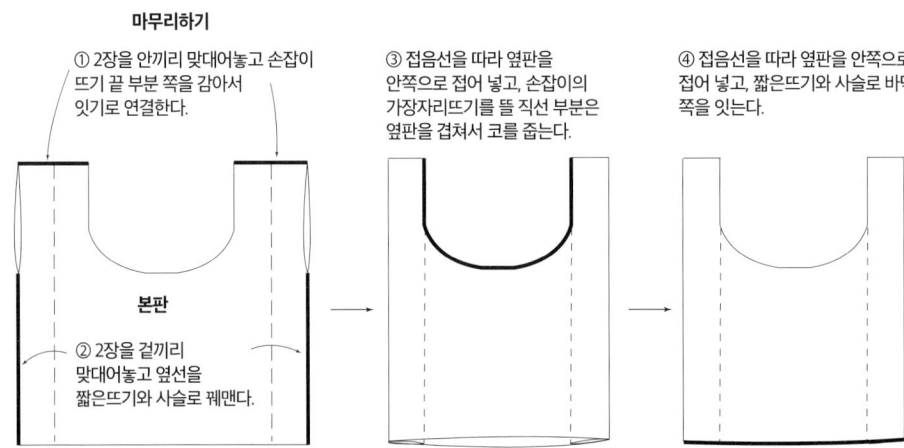

마무리하기

① 2장을 안끼리 맞대어놓고 손잡이 뜨기 끝 부분 쪽을 감아서 잇기로 연결한다.

② 2장을 겉끼리 맞대어놓고 옆선을 짧은뜨기와 사슬로 꿰맨다.

③ 접음선을 따라 옆판을 안쪽으로 접어 넣고, 손잡이의 가장자리뜨기를 뜰 직선 부분은 옆판을 겹쳐서 코를 줍는다.

④ 접음선을 따라 옆판을 안쪽으로 접어 넣고, 짧은뜨기와 사슬로 바닥 쪽을 잇는다.

■ = 2장 겹쳐서 줍는다

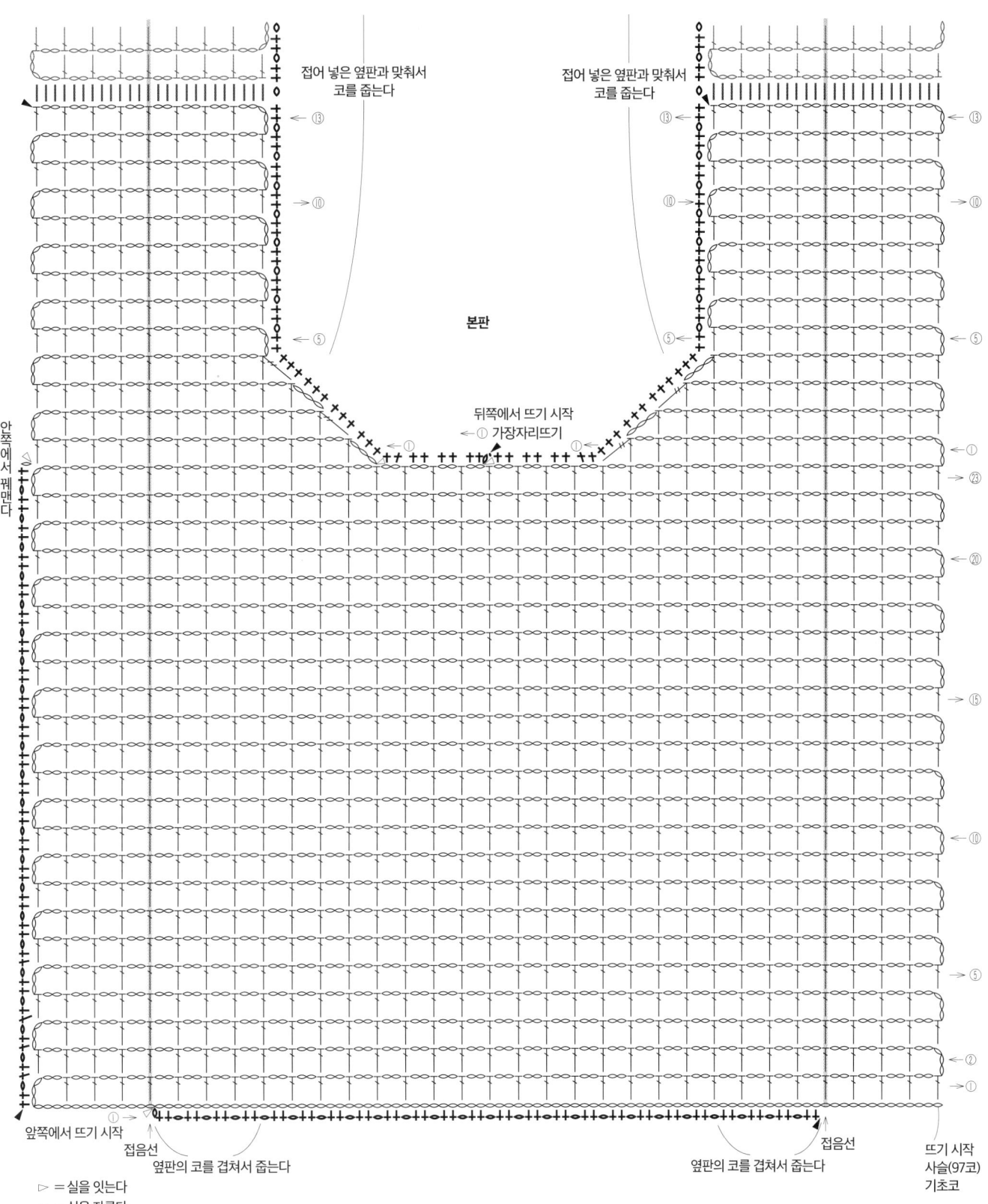

# 9 와유족 스타일 마르쉐 백 Photo » P.18

**[재료 및 도구]**
하마나카 에코안다리아 베이지(23) 126g(4타래), 블랙(30) 103g(3타래), 코바늘 6/0호

**[완성 사이즈]**
입구 둘레 78cm×깊이 22.5cm (손잡이 제외)

**[게이지]**
메리야스 짧은뜨기의 배색뜨기 20코×21.5단=사방 10cm

**[뜨개 포인트]**
● 바닥면은 원형뜨기의 기초코로 코를 만든 뒤 도안처럼 코를 늘리면서 메리야스 짧은뜨기의 배색뜨기(P.46 참조)로 20단까지 뜬다. 이어서 옆면은 코를 늘리면서 48단까지 뜬다(옆면의 42~48단 이외는 모두 실을 감싸면서 뜬다).
● 손잡이는 사슬뜨기 6코로 기초코를 만든 뒤 도안처럼 짧은뜨기로 59단까지 뜬다. 이어서 그 주위에 가장자리뜨기로 1단을 뜬다. 안끼리 맞대어 반으로 접은 뒤 지정된 위치(♥)를 빼뜨기로 이어준다. 옆면의 지정된 위치 바깥쪽에 꿰매어 이어서 완성한다.

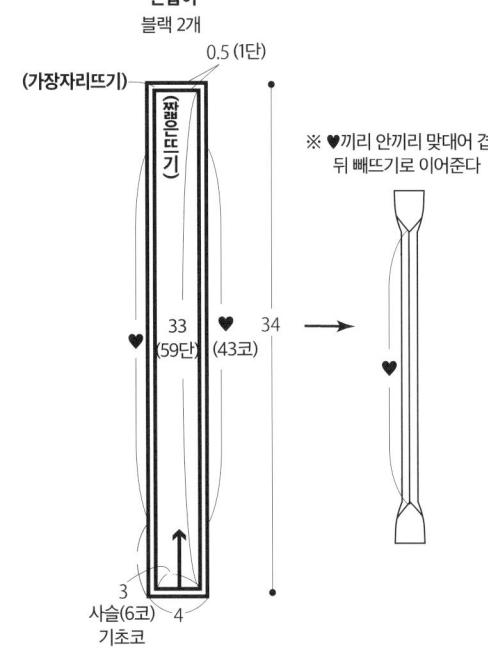

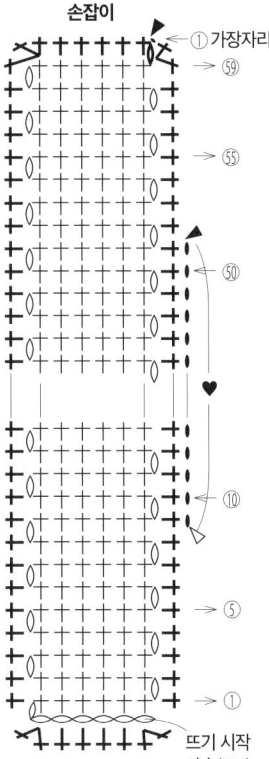

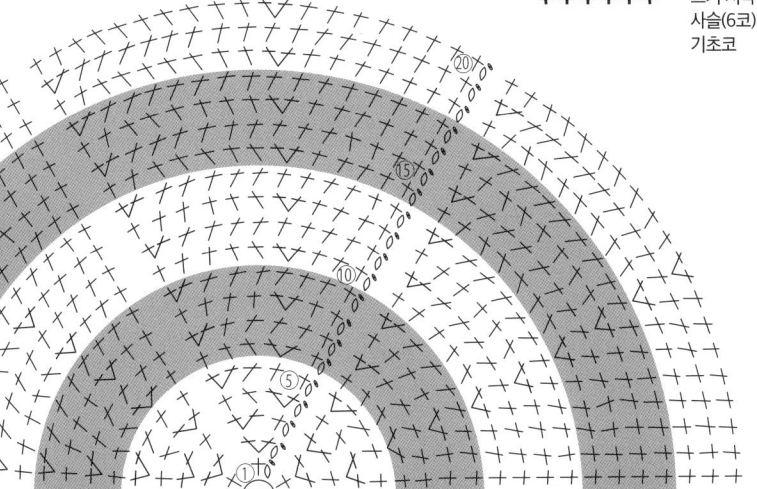

**바닥면의 콧수표**

| 단수 | 콧수 | |
|---|---|---|
| 20단 | 120코 | (+6코) |
| 19단 | 114코 | (+6코) |
| 18단 | 108코 | (+6코) |
| 17단 | 102코 | (+6코) |
| 16단 | 96코 | (+6코) |
| 15단 | 90코 | (+6코) |
| 14단 | 84코 | (+6코) |
| 13단 | 78코 | (+6코) |
| 12단 | 72코 | (+6코) |
| 11단 | 66코 | (+6코) |
| 10단 | 60코 | (+6코) |
| 9단 | 54코 | (+6코) |
| 8단 | 48코 | (+6코) |
| 7단 | 42코 | (+6코) |
| 6단 | 36코 | (+6코) |
| 5단 | 30코 | (+6코) |
| 4단 | 24코 | (+6코) |
| 3단 | 18코 | (+6코) |
| 2단 | 12코 | (+6코) |
| 1단 | 6코 | |

**바닥면의 배색표**

| 단수 | 배색 |
|---|---|
| 18~20단 | 베이지 |
| 14~17단 | 블랙 |
| 10~13단 | 베이지 |
| 6~9단 | 블랙 |
| 1~5단 | 베이지 |

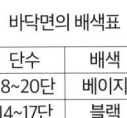

※ 모두 코바늘 6/0호로 뜬다
※ 1단은 짧은뜨기
※ 옆면의 42~48단은 안에 실을 감싸지 않고 뜬다. 그 이외는 실을 감싸면서 뜬다

## 마무리하기

## 옆면

옆면의 콧수표

| 단수 | 콧수 | |
|---|---|---|
| 43~48단 | 156코 | |
| 42단 | 156코 | (+6코) |
| 36~41단 | 150코 | |
| 35단 | 150코 | (+6코) |
| 29~34단 | 144코 | |
| 28단 | 144코 | (+6코) |
| 22~27단 | 138코 | |
| 21단 | 138코 | (+6코) |
| 15~20단 | 132코 | |
| 14단 | 132코 | (+6코) |
| 8~13단 | 126코 | |
| 7단 | 126코 | (+6코) |
| 1~6단 | 120코 | |

배색
■ = 블랙
□ = 베이지

□ = 메리야스 짧은뜨기의 배색뜨기 · 메리야스 짧은뜨기(P.46 참조)

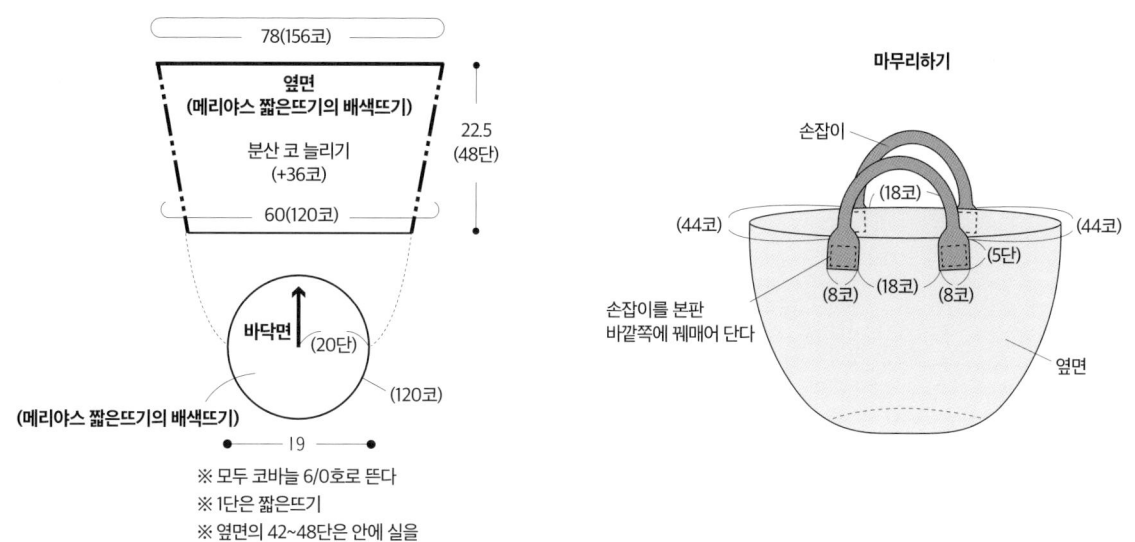

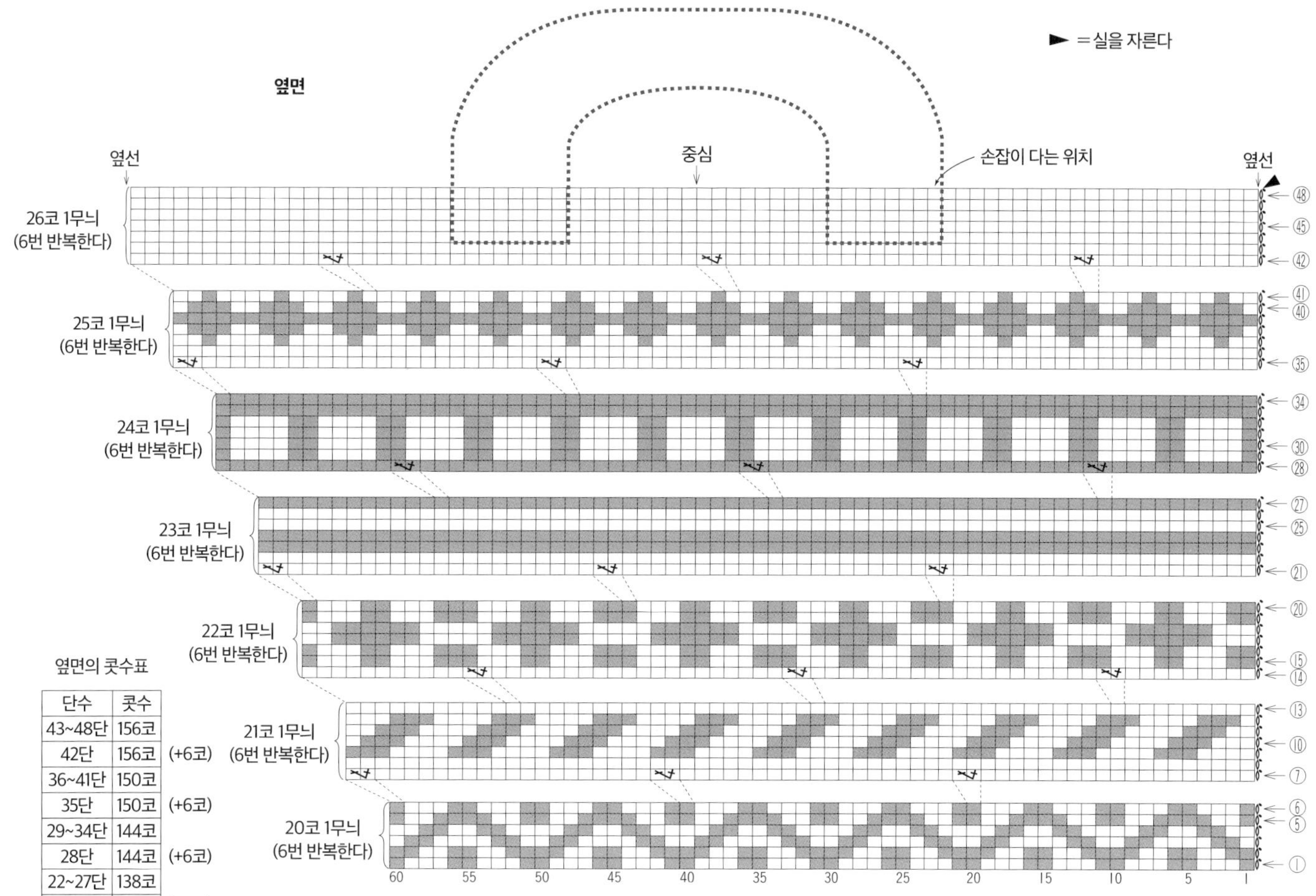

# 10 와유족 스타일 스트링 숄더백 Photo » P.19

**[재료 및 도구]**

하마나카 에코안다리아 코발트 블루(901) 88g(3타래), 그린(17) 53g(2타래), 레트로 블루(66) 45g(2타래), 레드 오렌지(164) 38g(1타래), 민트 그린(902) 34g(1타래), 오프 화이트(168) 15g(1타래), 코바늘 6/0호

**[완성 사이즈]**

입구 둘레 78cm×깊이 23cm (어깨끈 제외)

**[게이지]**

메리야스 짧은뜨기의 배색뜨기 20코×21.5단=사방 10cm

**[뜨개 포인트]**

● 바닥면은 원형뜨기의 기초코로 코를 만든 뒤 도안처럼 코를 늘리면서 메리야스 짧은뜨기의 배색뜨기(P.46 참조)로 20단까지 뜬다. 이어서 옆면은 코를 늘리면서 47단까지 뜬다(옆면의 42~47단 이외는 모두 실을 감싸면서 뜬다).

● 어깨끈은 사슬뜨기 8코로 기초코를 만든 뒤 도안처럼 짧은뜨기로 177단까지 뜬다. 이어서 그 주위에 가장자리뜨기로 1단을 뜬다. 옆면의 지정된 위치 바깥쪽에 꿰매어 이어서 완성한다.

● 끈은 스레드 코드를 떠서 옆면의 44단에 끼운다. 프린지는 도안을 참조해서 만든 뒤 끈의 양 끝에 꿰매어 달아준다.

### 바닥면의 콧수표

| 단수 | 콧수 | |
|---|---|---|
| 20단 | 120코 | (+6코) |
| 19단 | 114코 | (+6코) |
| 18단 | 108코 | (+6코) |
| 17단 | 102코 | (+6코) |
| 16단 | 96코 | (+6코) |
| 15단 | 90코 | (+6코) |
| 14단 | 84코 | (+6코) |
| 13단 | 78코 | (+6코) |
| 12단 | 72코 | (+6코) |
| 11단 | 66코 | (+6코) |
| 10단 | 60코 | (+6코) |
| 9단 | 54코 | (+6코) |
| 8단 | 48코 | (+6코) |
| 7단 | 42코 | (+6코) |
| 6단 | 36코 | (+6코) |
| 5단 | 30코 | (+6코) |
| 4단 | 24코 | (+6코) |
| 3단 | 18코 | (+6코) |
| 2단 | 12코 | (+6코) |
| 1단 | 6코 | |

### 바닥면의 배색표

| 단수 | 배색 |
|---|---|
| 20단 | 레트로 블루 |
| 16~19단 | 코발트 블루 |
| 12~15단 | 그린 |
| 8~11단 | 레드 오렌지 |
| 4~7단 | 레트로 블루 |
| 1~3단 | 코발트 블루 |

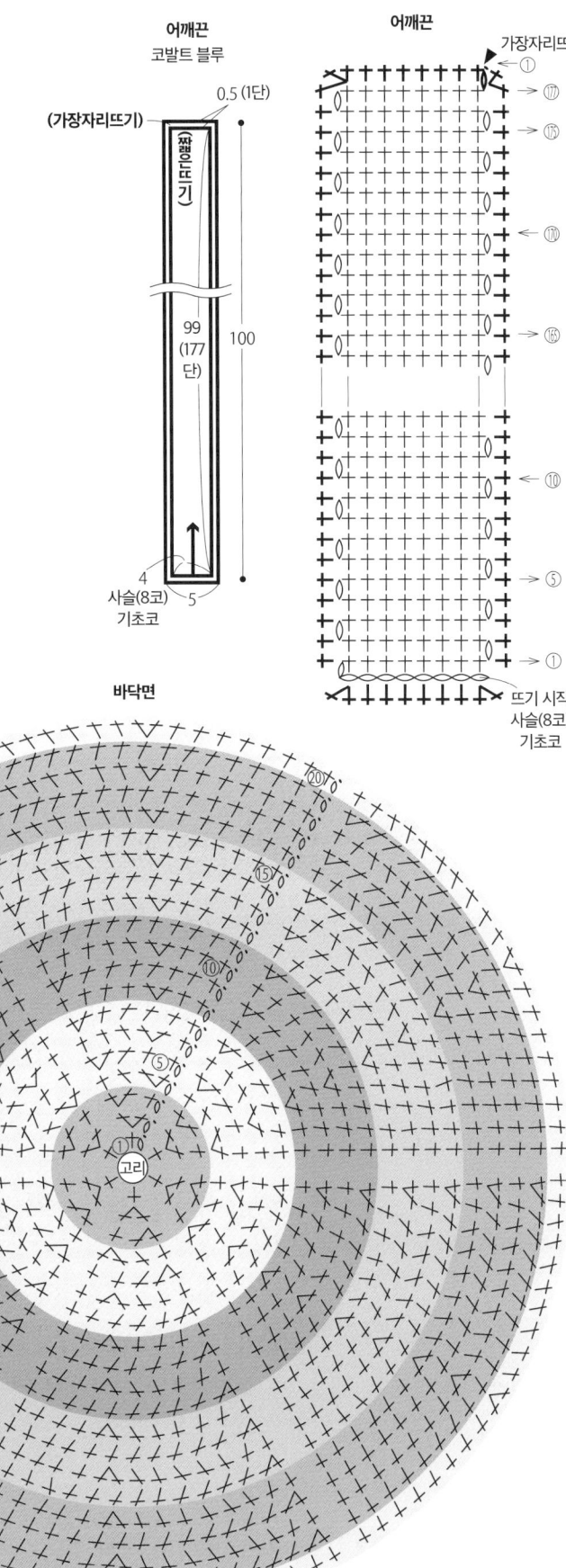

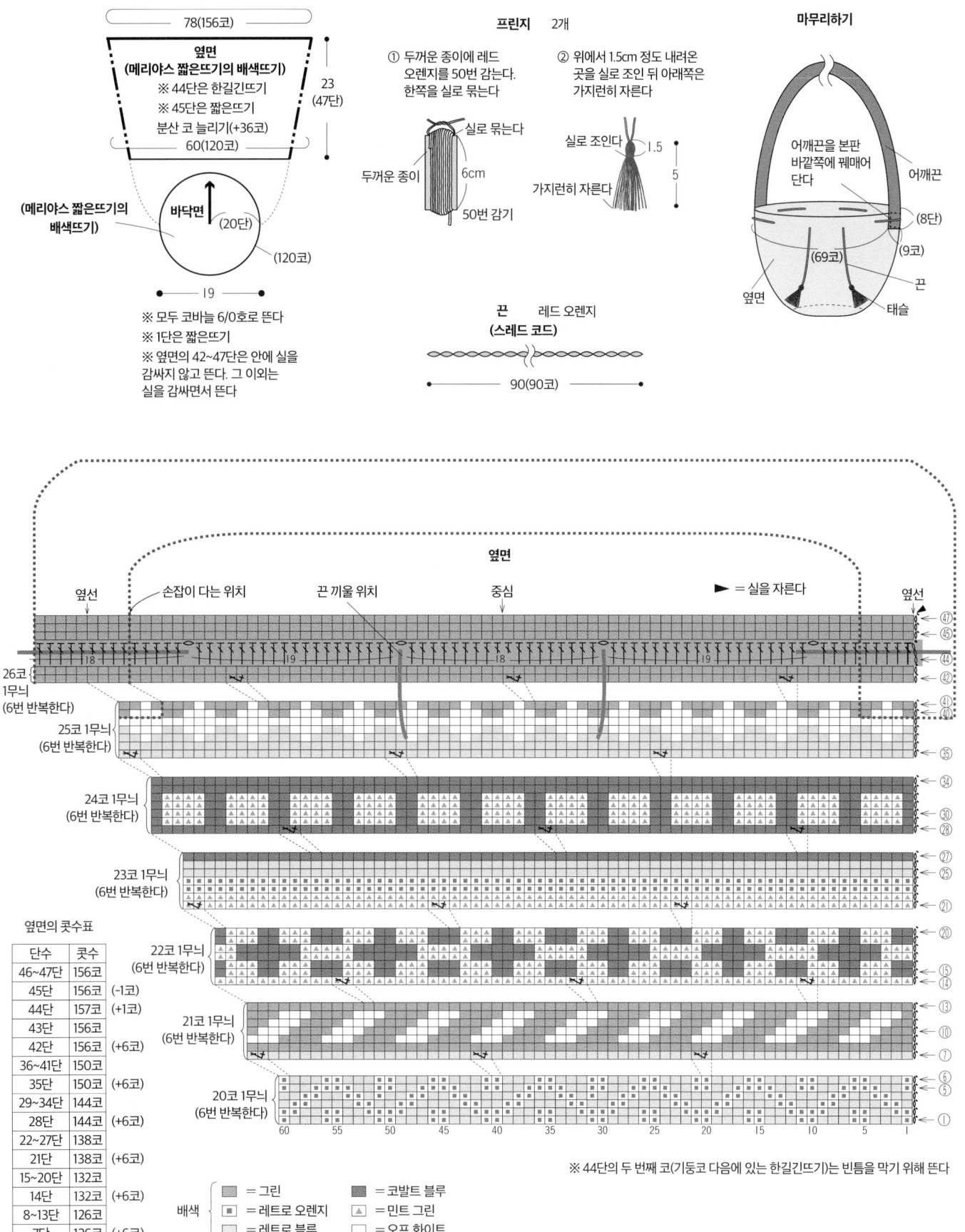

# 11 동전 지갑  Photo » P.20

## [재료 및 도구]
하마나카 에코안다리아 레드 오렌지(164) 29g(1타래), 가시도트단추 1세트, 코바늘 5/0호

## [완성 사이즈]
바닥면 가로 9cm×세로 9cm×깊이 4.5cm

## [게이지]
짧은뜨기 19코×21.5단=사방 10cm

## [뜨개 포인트]
● 원형뜨기의 기초코로 코를 만든 뒤 모서리에서 코를 늘리면서 덮개를 9단까지 뜬다. 사슬뜨기로 기초코를 만든 뒤 도안처럼 탭을 뜬다.
● 덮개와 같은 요령으로 원형뜨기의 기초코로 코를 만든 뒤 모서리에서 코를 늘리면서 본판의 바닥면을 8단까지 뜬다. 이어서 옆면을 증감 없이 10단까지 뜬다.
● 옆면 10단 모서리의 코의 머리를 집어서 세워둔다. 그런 다음 도안을 참조해서 접은 뒤 문진을 올려놓고 꾹 눌러서 잘 접힐 수 있도록 자국을 내준다. 본판 옆면의 1단의 머리와 바닥면의 8단의 머리를 두 겹으로 주워서 짧은뜨기로 1단을 뜬다.
● 본판에 떠 넣은 짧은뜨기와 덮개를 안끼리 맞대어놓고 빼뜨기로 잇는다. 지정된 위치에 탭을 감침질로 달아준다. 가시도트단추를 단다.

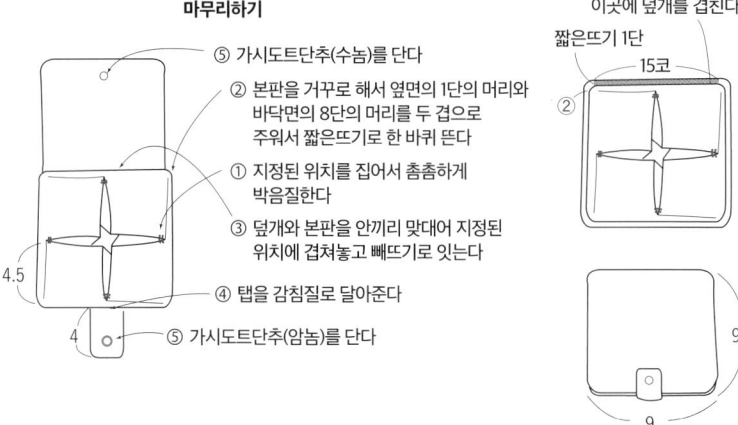

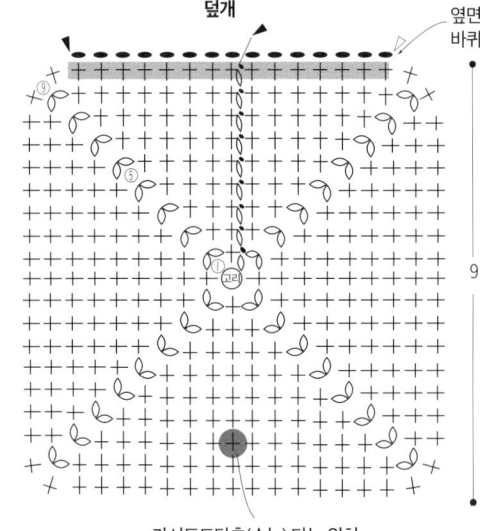

| 단수 | 콧수 | |
|---|---|---|
| 9단 | 68코 | |
| 8단 | 68코 | (+8코) |
| 7단 | 60코 | (+8코) |
| 6단 | 52코 | (+8코) |
| 5단 | 44코 | (+8코) |
| 4단 | 36코 | (+8코) |
| 3단 | 28코 | (+8코) |
| 2단 | 20코 | (+8코) |
| 1단 | 12코 | |

덮개의 콧수표

▷ =실을 잇는다
▶ =실을 자른다
● =모서리, 2코를 집어서 촘촘하게 박음질한다

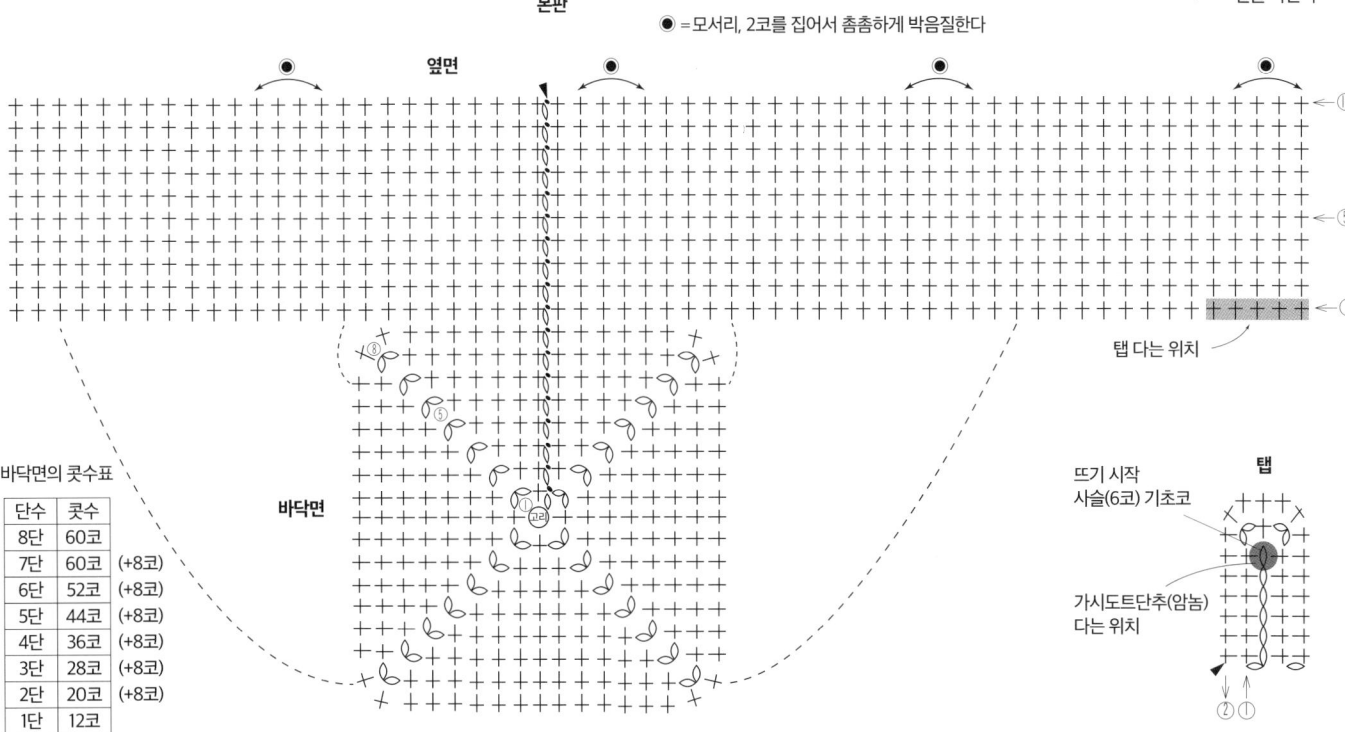

| 단수 | 콧수 | |
|---|---|---|
| 8단 | 60코 | |
| 7단 | 60코 | (+8코) |
| 6단 | 52코 | (+8코) |
| 5단 | 44코 | (+8코) |
| 4단 | 36코 | (+8코) |
| 3단 | 28코 | (+8코) |
| 2단 | 20코 | (+8코) |
| 1단 | 12코 | |

바닥면의 콧수표

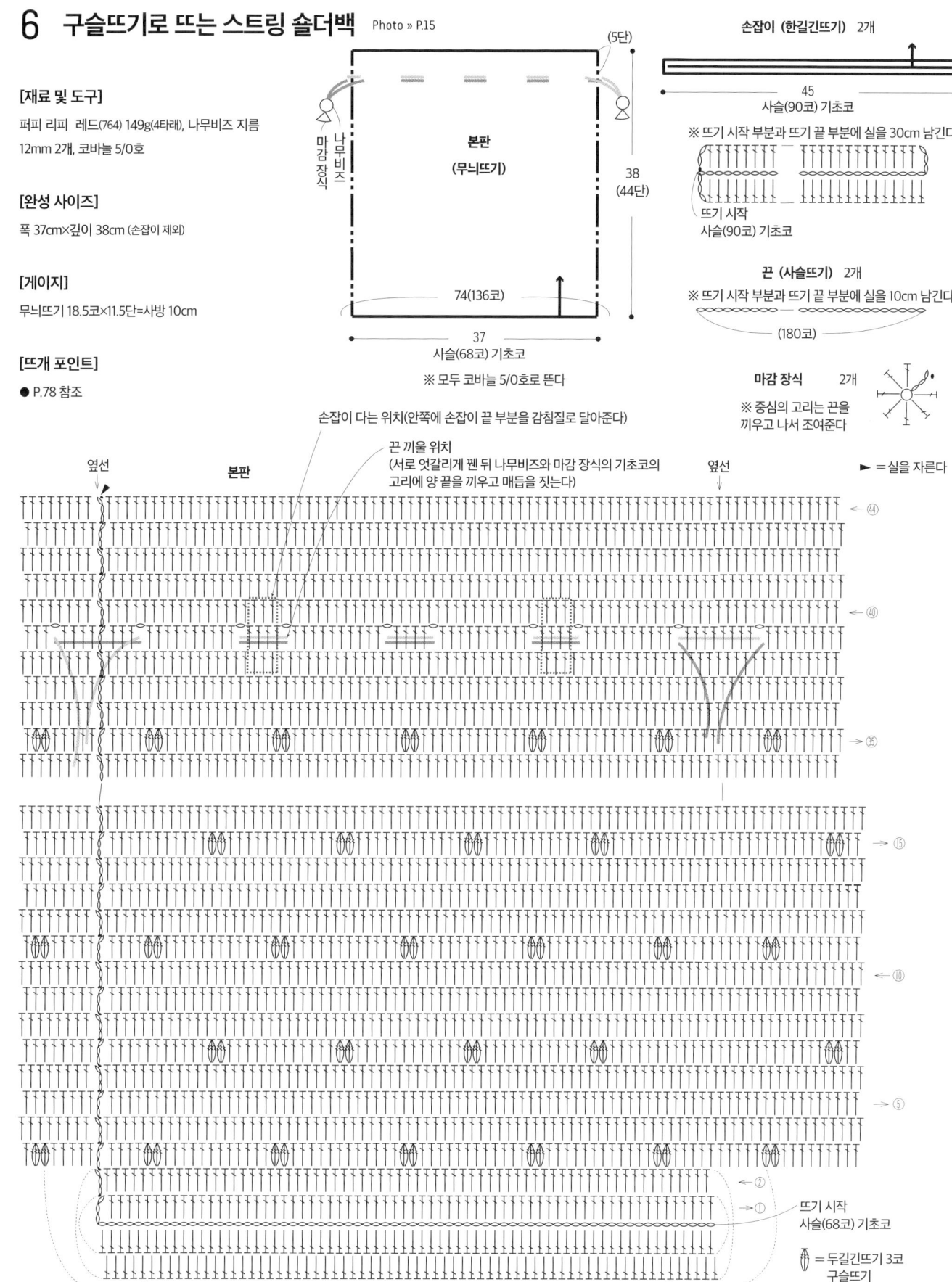

# 14 두 가지 스타일로 즐기는 투웨이 백 Photo » P.22

[재료 및 도구]
메르헨아트 마닐라 헴프 얀・스테인 시리즈 옐로 브라운(542) 100g(5타래)
플라스틱 링(메르헨아트 MA2152) : 지름 8cm×1세트, 나무단추 : 지름 18mm ×3개, 코바늘 6/0호

[완성 사이즈]
둘레 80cm×깊이 22cm (그림 참조, 손잡이 제외)

[게이지]
짧은뜨기 16코×20.5단=사방 10cm (본판①, ②)

[뜨개 포인트]
● 본판①, ②, 옆판의 순으로 뜬다. 본판①은 플라스틱 링에 짧은뜨기를 54코 떠서 원형으로 만든 뒤 2단부터 왕복뜨기로 코를 늘리면서 25단까지 뜬다. 본판②는 ①과 같은 요령으로 뜨는데, 뜨기 끝 부분에서 계속 이어서 옆판을 뜬다(P.47 참조). 옆판은 도안처럼 본판①과 ②에 빼뜨기로 이어가면서 뜬다. 이때 빼뜨기는 겉을 보면서 뜬다.
● 단춧고리를 떠서 지정된 위치에 달아준다.
● 가방끈은 도안대로 1개를 뜬다. 싸개단추를 3개 떠서 끈과 본판에 단다.
● 숄더백으로 사용할 때는 가방끈을 본판의 플라스틱 링 안에 끼우고 단추를 채운다.

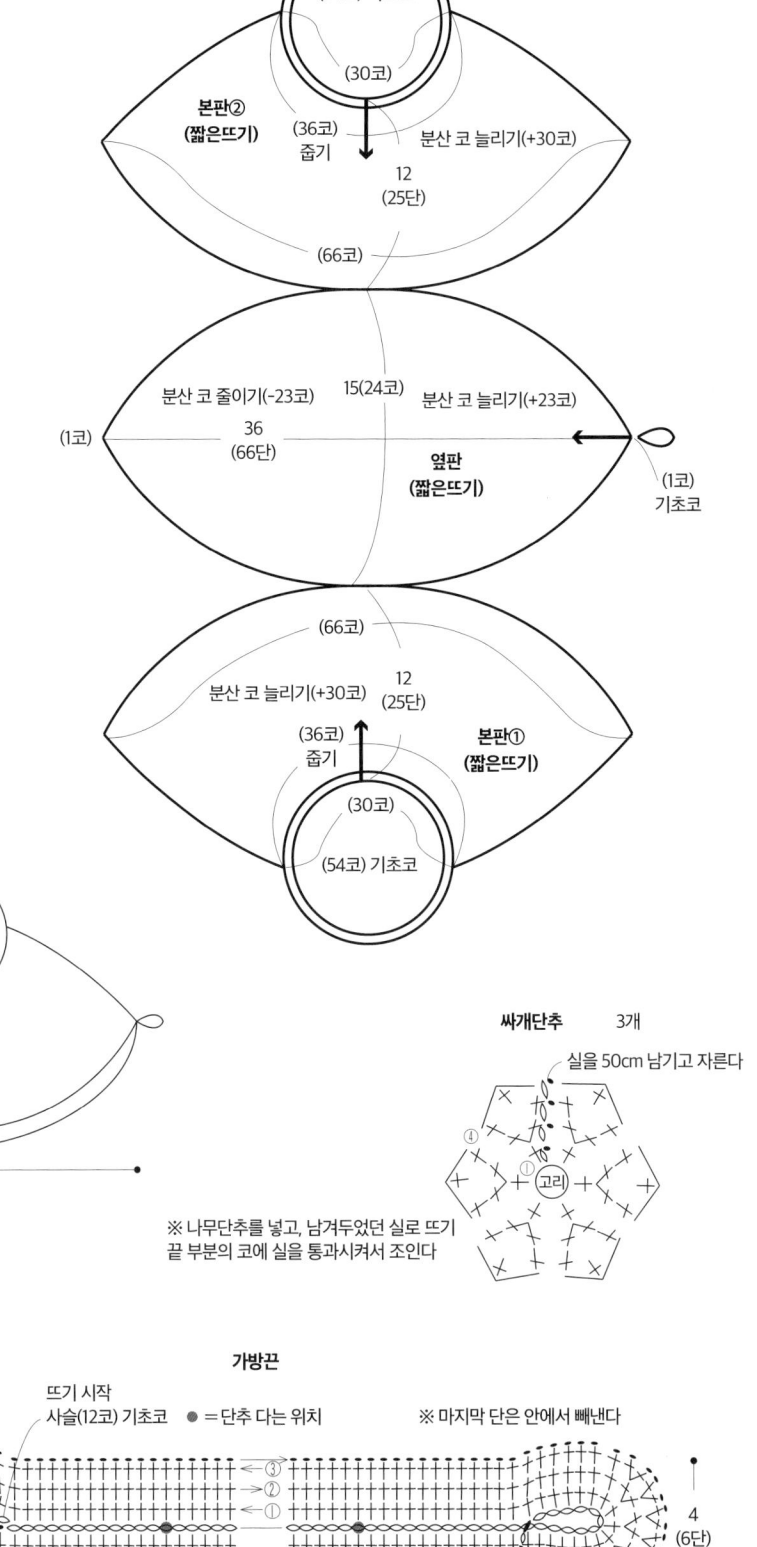

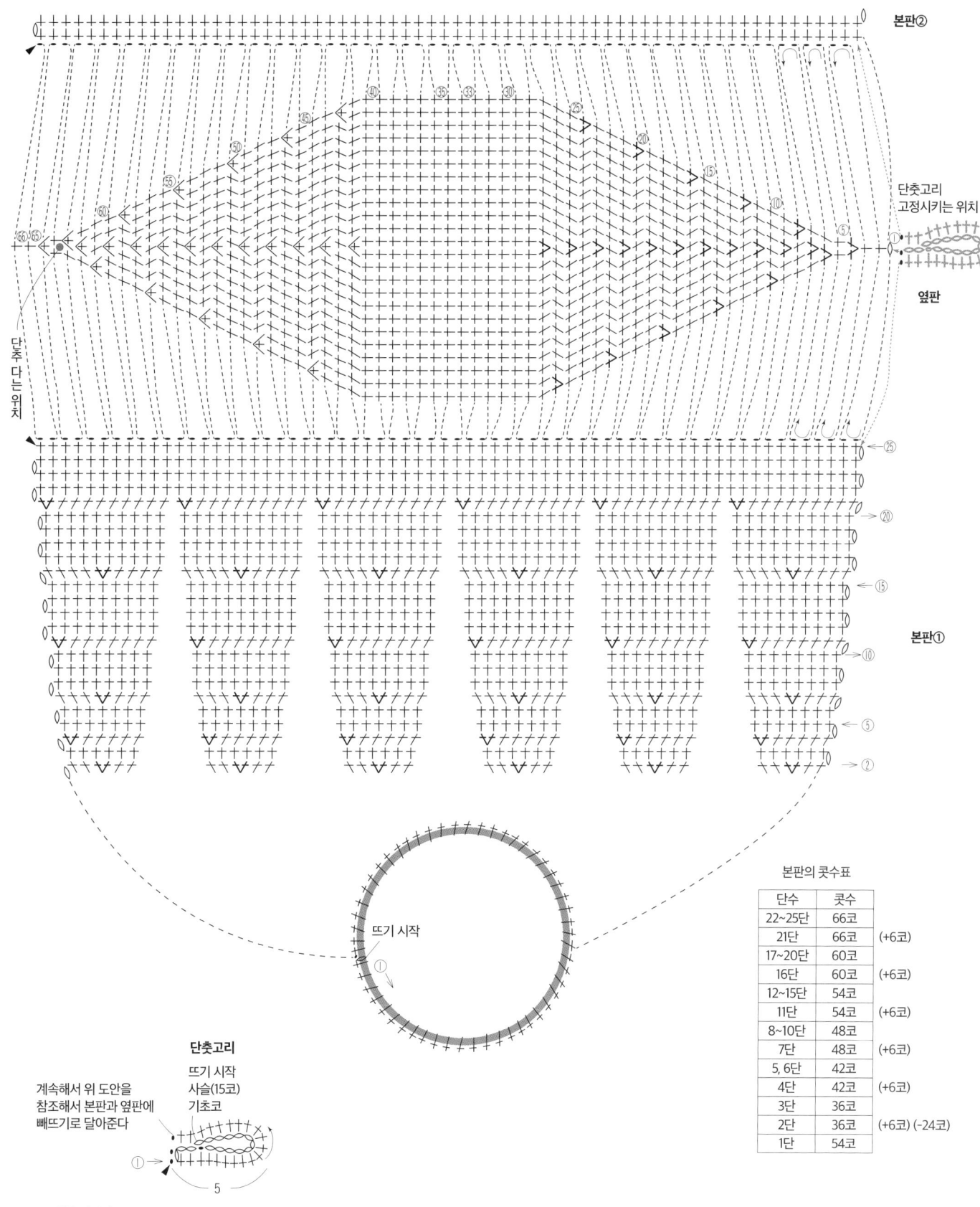

# 15 얼룩말 무늬 크로스백 Photo » P.24

**[재료 및 도구]**

메르헨아트 마닐라 헴프 얀 화이트(500) 37g(2타래), 블랙(510) 31g(2타래), 코바늘 6/0호

**[완성 사이즈]**

폭 18cm×깊이 20.5cm (끈 제외)

**[게이지]**

짧은뜨기의 배색뜨기 19코×17단=사방 10cm

**[뜨개 포인트]**

- 본판은 사슬뜨기 68코로 기초코를 만들어 원통으로 만든 뒤 도안처럼 짧은뜨기의 배색뜨기(가로로 실을 걸쳐 감싸면서 뜬다)로 35단까지 뜬다.
- 끈은 사슬뜨기 220코로 기초코를 만든 뒤 사슬의 사슬코 산을 주워서 짧은뜨기를 뜬다. 본판의 지정된 위치(옆선)에 꿰매어 단다.
- 바닥 쪽은 2장을 안끼리 맞대어놓고 빼뜨기로 잇는다.

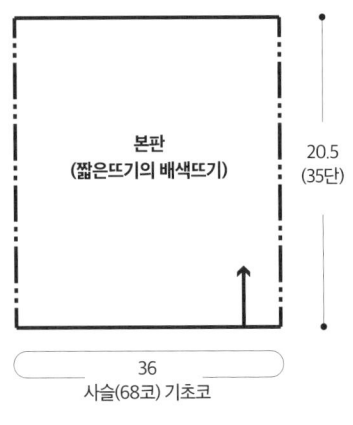

본판
(짧은뜨기의 배색뜨기)
20.5
(35단)
36
사슬(68코) 기초코

※ 모두 코바늘 6/0호로 뜬다

**마무리하기**

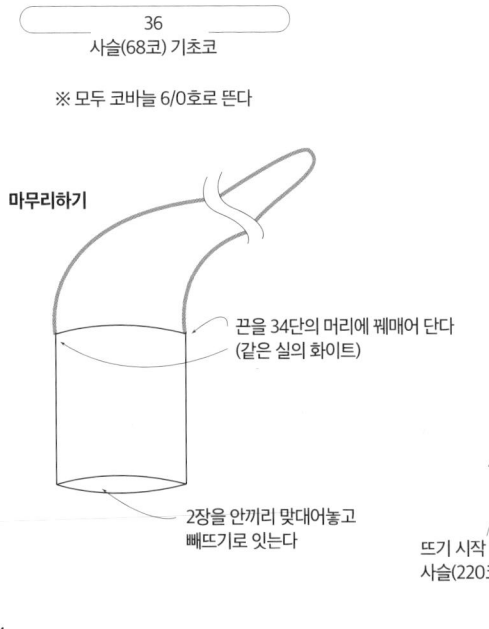

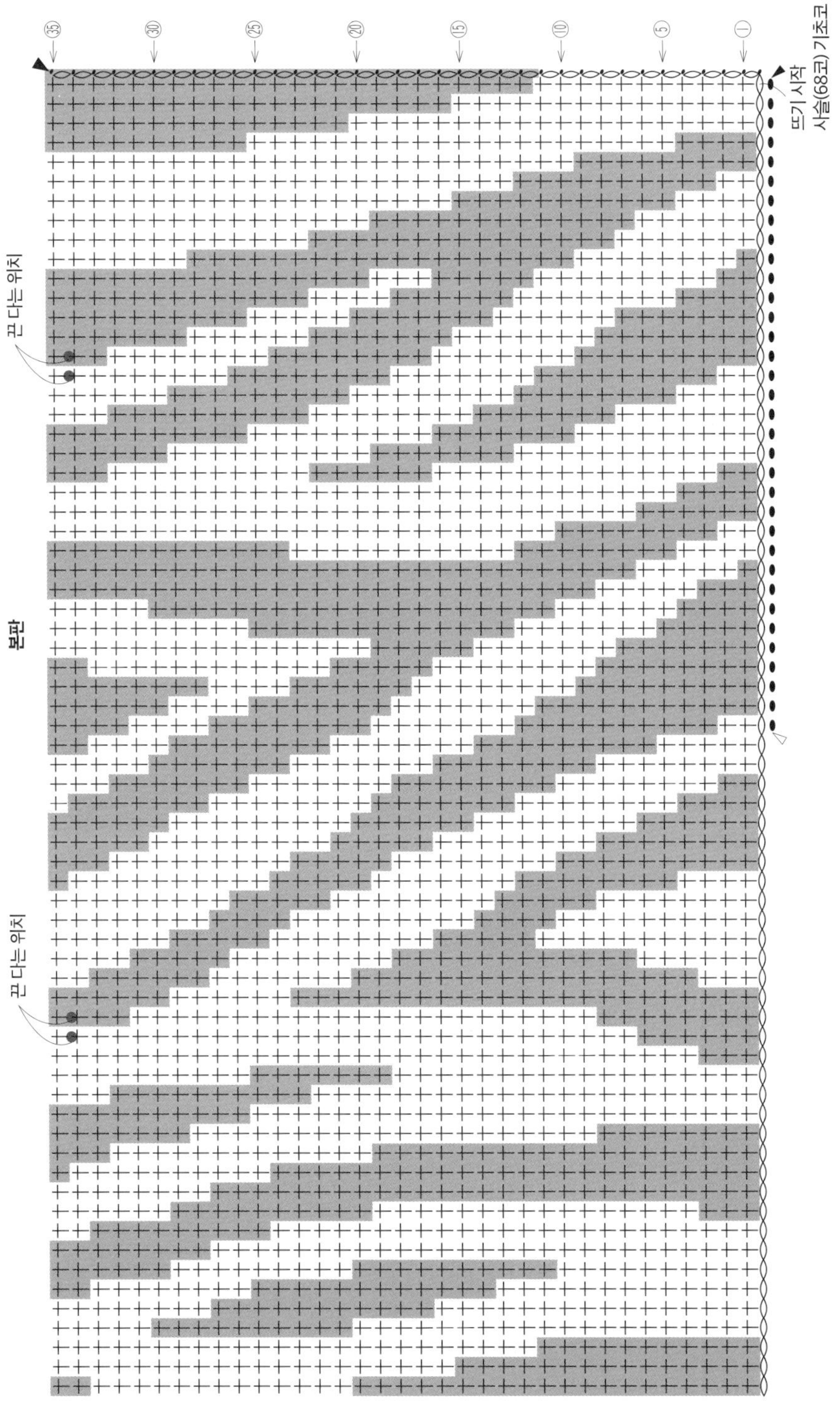

끈을 34단의 머리에 꿰매어 단다
(같은 실의 화이트)

2장을 안끼리 맞대어놓고 빼뜨기로 잇는다

배색  + =블랙
      + =화이트

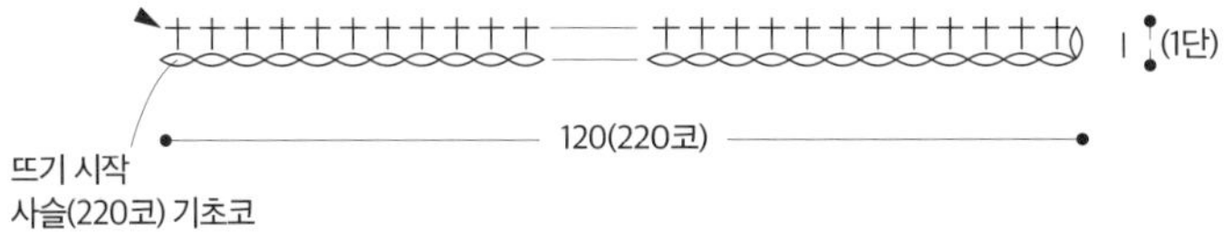

▷ =실을 잇는다
▶ =실을 자른다

끈
120(220코)
뜨기 시작
사슬(220코) 기초코
(1단)

# 16 프린지 크로스백 Photo » P.25

[재료 및 도구]
메르헨아트 마닐라 헴프 레이스 옐로 브라운(908) 68g(4타래), 코바늘 6/0호

[완성 사이즈]
폭 18cm×깊이 20.5cm (끈 제외)

[게이지]
무늬뜨기A・B 17.5코×16.5단=사방 10cm (3가닥)

[뜨개 포인트]
● 모두 3가닥으로 뜬다.
● 본판(뒤)은 사슬뜨기 30코로 기초코를 만든 뒤 도안처럼 무늬뜨기B로 33단까지 뜬다. 본판(앞)은 사슬뜨기 30코로 기초코를 만든 뒤 P.48과 도안을 참조해서 무늬뜨기A로 33단까지 뜬다. 본판(앞)과 본판(뒤)은 안끼리 맞댄 상태로 겹쳐놓고 가장자리뜨기로 연결한다.
● 끈은 지정된 위치에 실을 이어서 스레드 코드를 뜬 뒤 뜨기 끝 부분 쪽을 꿰매어 단다.

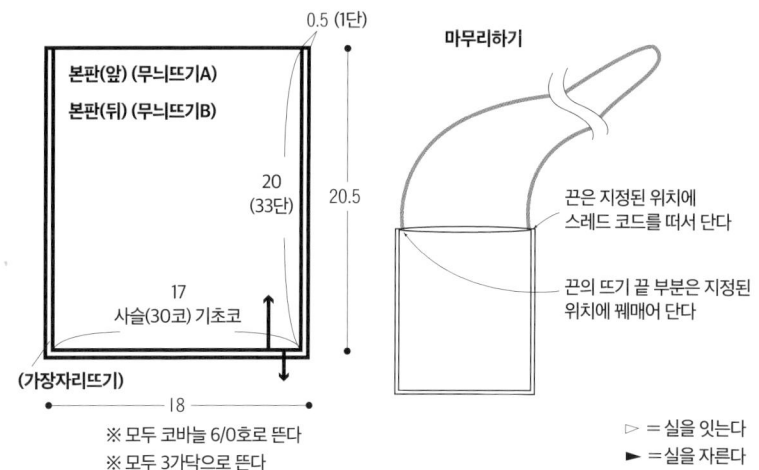

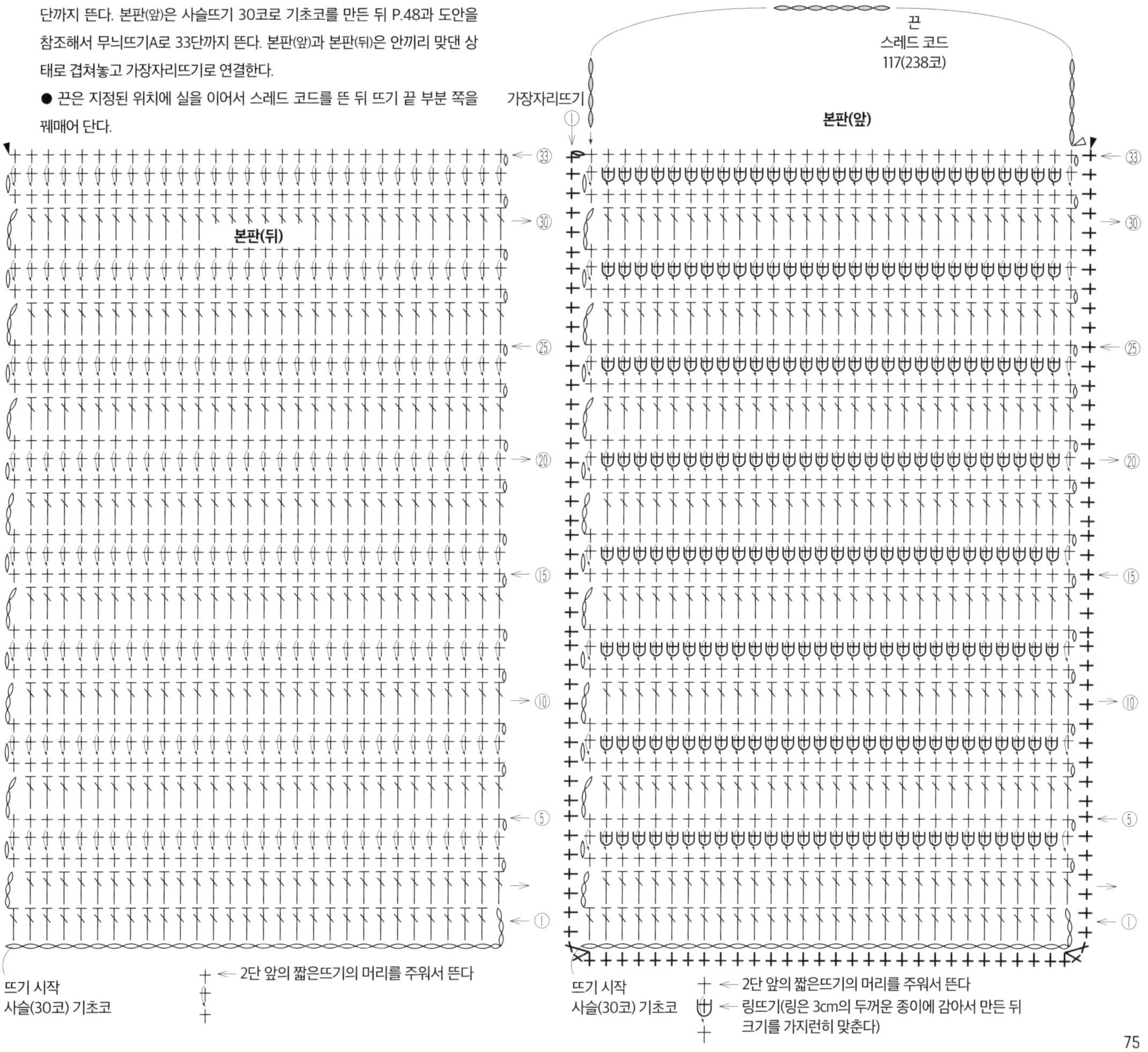

# 17 주머니 달린 토트백 Photo » P.26

[재료 및 도구]

다루마 사사와시 다크 올리브(6) 306g(13타래), 양면징 지름 8.5mm×다리 길이 8mm 8세트, PP로프(라이트 옐로) 지름 5mm×길이 70cm 2개, 코바늘 6/0호

[완성 사이즈]

폭 29cm×옆판 12cm×깊이 27.5cm (손잡이 제외)

[게이지]

짧은뜨기 16코×17단=사방 10cm

[뜨개 포인트]

● 주머니는 사슬뜨기로 기초코를 만든 뒤 도안처럼 가장자리에서 코를 늘리면서 짧은뜨기로 뜬다.
● 주머니는 밖으로 접는 선과 안으로 접는 선을 접은 뒤 2코를 집듯이 겹쳐서 빼뜨기를 뜬다(P.49 참조). 밖으로 접는 선은 겉에서, 안으로 접는 선은 안에서 뜨므로 주의한다.
● 본판은 사슬뜨기로 기초코를 만든 뒤 도안처럼 코를 늘리면서 2장을 뜨고, 뜨기 끝 부분의 실을 쉬어둔다. 본판 앞쪽에 주머니를 겹쳐놓고 중심에 겉에서 빼뜨기를 해서 고정한다.
● 옆판은 사슬뜨기로 기초코를 만든 뒤 증감 없이 짧은뜨기로 뜬다.
● 본판과 옆판을 안끼리 맞대어놓고 본판의 쉬어두었던 실로 짧은뜨기를 뜨면서 연결한다. 앞은 주머니까지 3장을 겹쳐서 짧은뜨기를 뜬다.
● 도안을 참조해서 손잡이를 뜬 뒤 손잡이의 편물로 로프를 감싼다. 지정된 위치에 양면징을 단 뒤 본판에 감침질로 연결해서 완성한다.

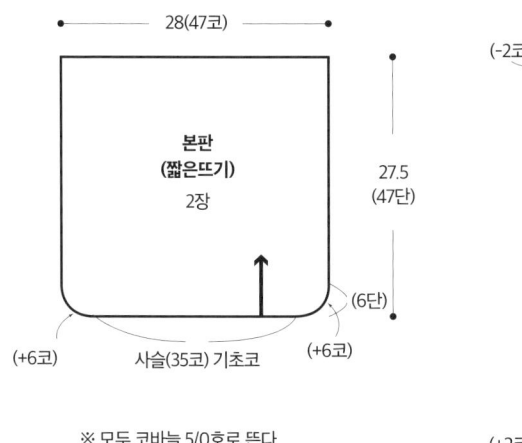

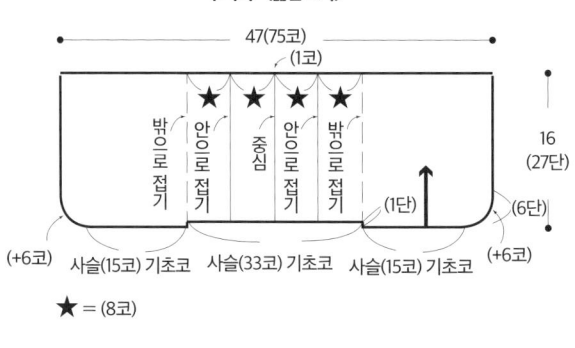

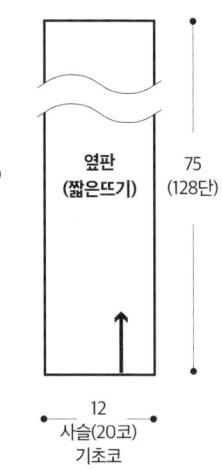

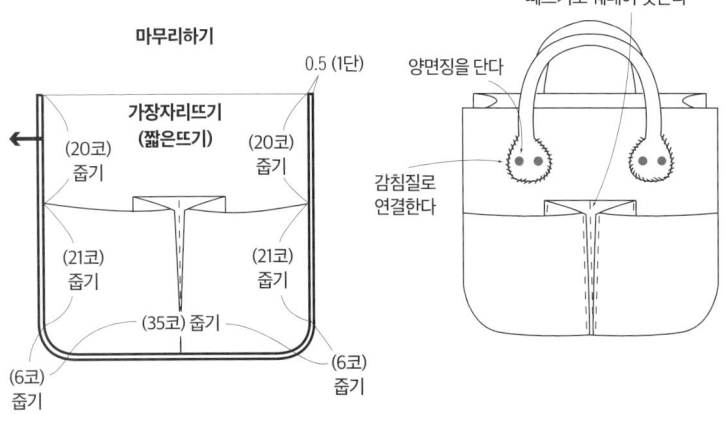

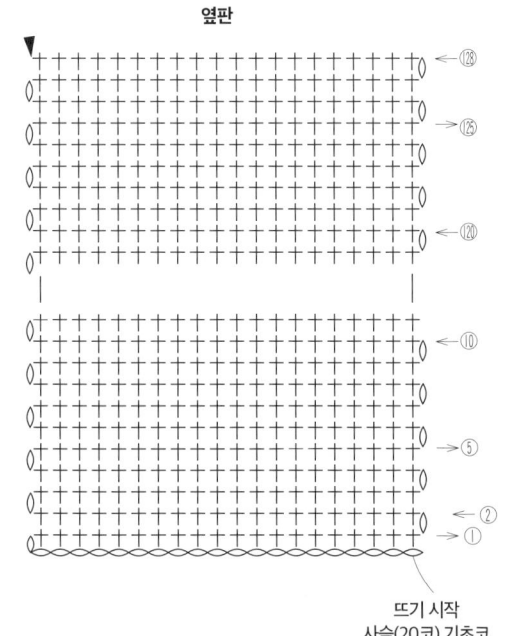

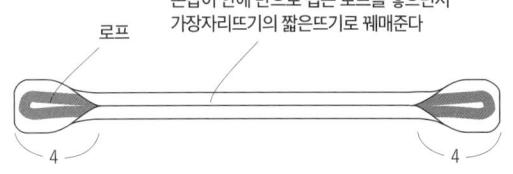

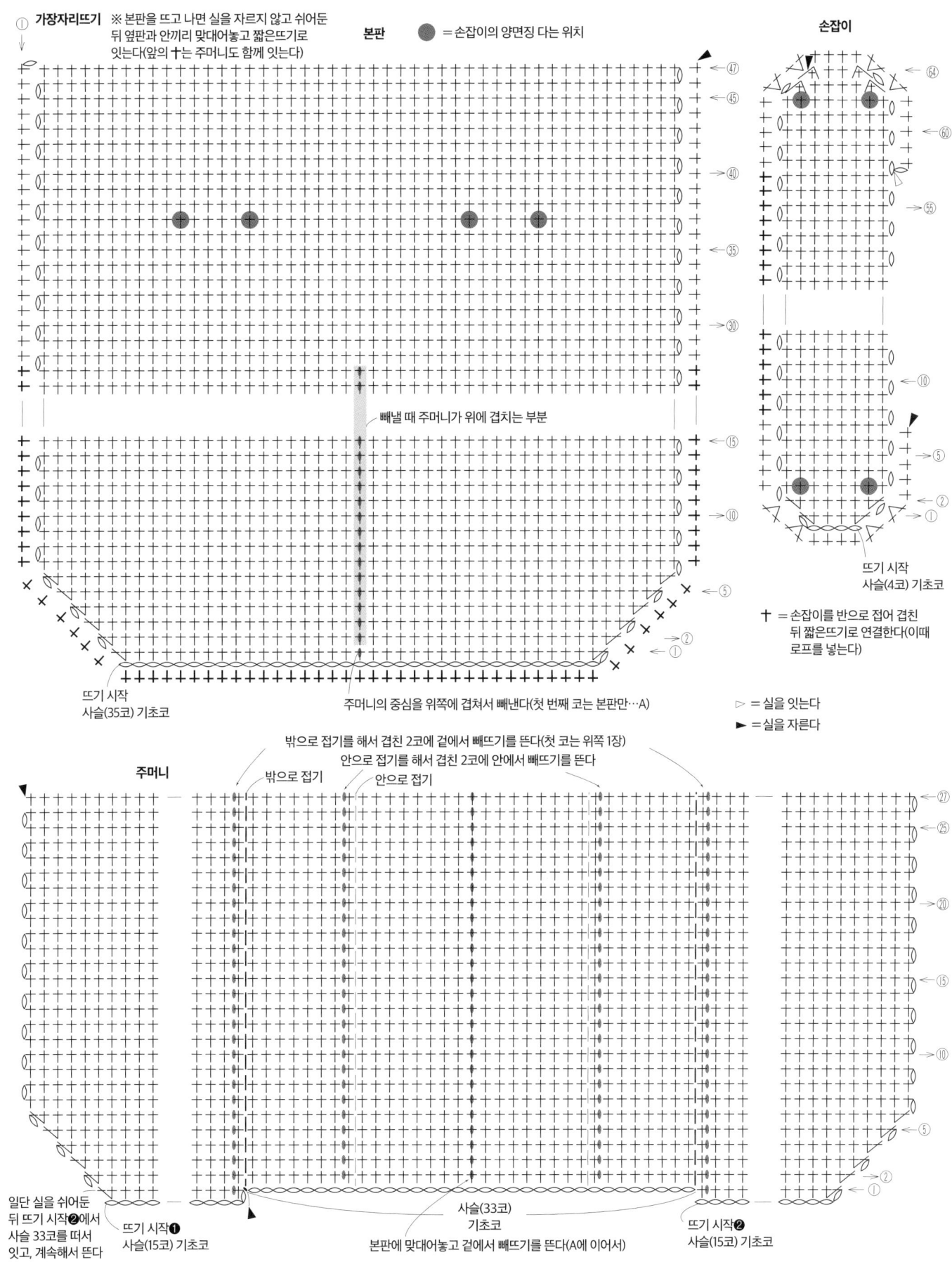

# 18 격자무늬 가방 Photo » P.28

[재료 및 도구]

퍼피 브리티시 에로이카 터쿼이즈 블루(190) 223g(5타래), 메르헨아트 나무 손잡이(MA2186 · 브라운 · 사각) 1세트, 코튼 리넨 캔버스(에크루 베이지) 61cm×69cm, 코바늘 7/0호

[완성 사이즈]

입구 둘레 76cm×깊이 27cm (손잡이 제외)

[게이지]

무늬뜨기 18.5코×9단=사방 10cm

[뜨개 포인트]

● 바닥면은 사슬뜨기 31코로 기초코를 만든 뒤 도안처럼 코를 늘리면서 5단까지 뜬다. 이어서 옆면은 코를 줄이지 않고 18단까지 뜬 뒤 실을 자른다. 지정된 위치(2군데)에 실을 이은 뒤 왕복뜨기로 7단을 뜬다.
● 손잡이 다는 입구는 지정된 위치에 실을 이어서 도안처럼 4단을 뜬다. 손잡이 다는 입구를 바깥쪽에 접어 겹치고, 손잡이를 끼워서 감싼 상태로 만든 뒤 빼뜨기를 뜨며 손잡이를 단다(P.50 참조).
● 안감은 P.94의 '안감 만들기'를 참조해서 만든 뒤 편물 안쪽에 넣고 꿰매어 단다.

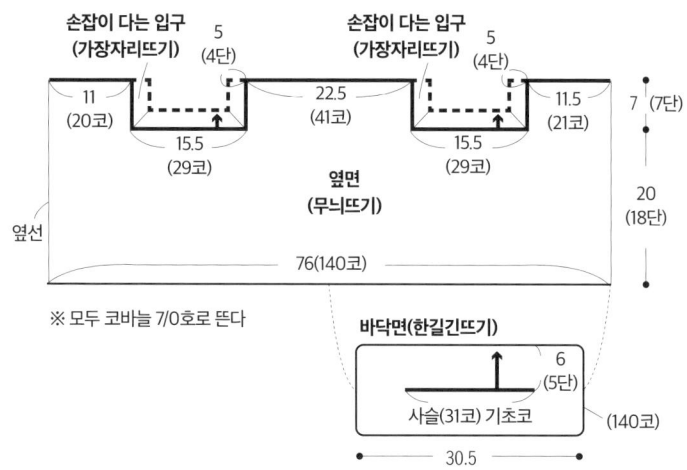

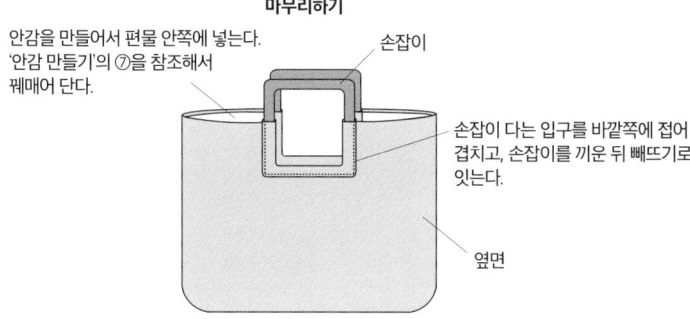

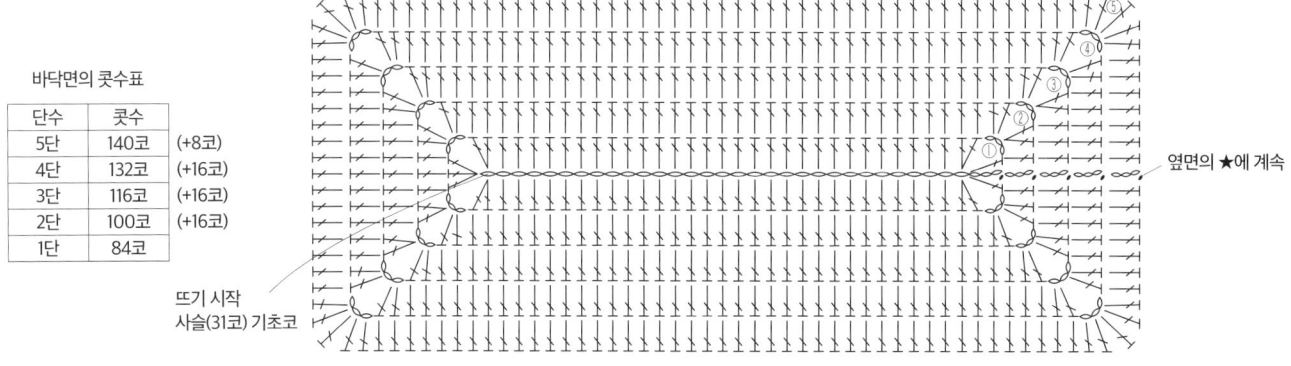

| 단수 | 콧수 | |
|---|---|---|
| 5단 | 140코 | (+8코) |
| 4단 | 132코 | (+16코) |
| 3단 | 116코 | (+16코) |
| 2단 | 100코 | (+16코) |
| 1단 | 84코 | |

바닥면의 콧수표

---

P.71에 이어서

[뜨개 포인트]

● 사슬뜨기 68코로 기초코를 만든 뒤 무늬뜨기로 도안을 참조해서 원형 왕복뜨기로 44단까지 뜬다. 손잡이 2개를 뜨는데, 사슬뜨기 90코로 기초코를 만들어 한길긴뜨기로 떠준다. 도안을 참조해서 사슬뜨기로 끈 2개를 뜨고, 마감 장식도 2개를 떠둔다. 마감 장식은 기초코의 고리를 조이지 않은 상태에서 만든다.
● 본판의 손잡이 다는 위치 안쪽에 손잡이 끝 부분을 감침질로 달아준다. 끈 끼울 위치에 서로 엇갈리게 해서 끈을 꿴 뒤 각각의 끝 부분에 비즈와 마감 장식의 기초코의 고리를 끼우고 끈을 묶어준다. 마감 장식의 가운데 고리를 조여서 마무리한다.

P.86에 이어서

[뜨개 포인트]

● 본판(앞)은 40코의 연결 사슬코 산을 줍는 기초코를 만든 뒤 도안처럼 증감 없이 메리야스뜨기와 배색뜨기(세로로 실을 걸친다)로 54단까지 뜨고, 뜨기 끝 부분은 코막음을 한다. 기초코 사슬의 반대쪽에서 코를 주워 본판(뒤)을 메리야스뜨기로 54단까지 뜨고, 뜨기 끝 부분은 코막음을 한다.
● 손잡이는 10코의 연결 사슬코 산을 줍는 기초코를 만든 뒤 원통 상태로 만들어서 메리야스뜨기로 82단까지 뜬다. '안감 만들기'의 ②를 참조해서 손잡이를 완성한다.
● 안감은 '안감 만들기'를 참조해서 만든 뒤 편물 안쪽에 넣고 꿰매어 단다.

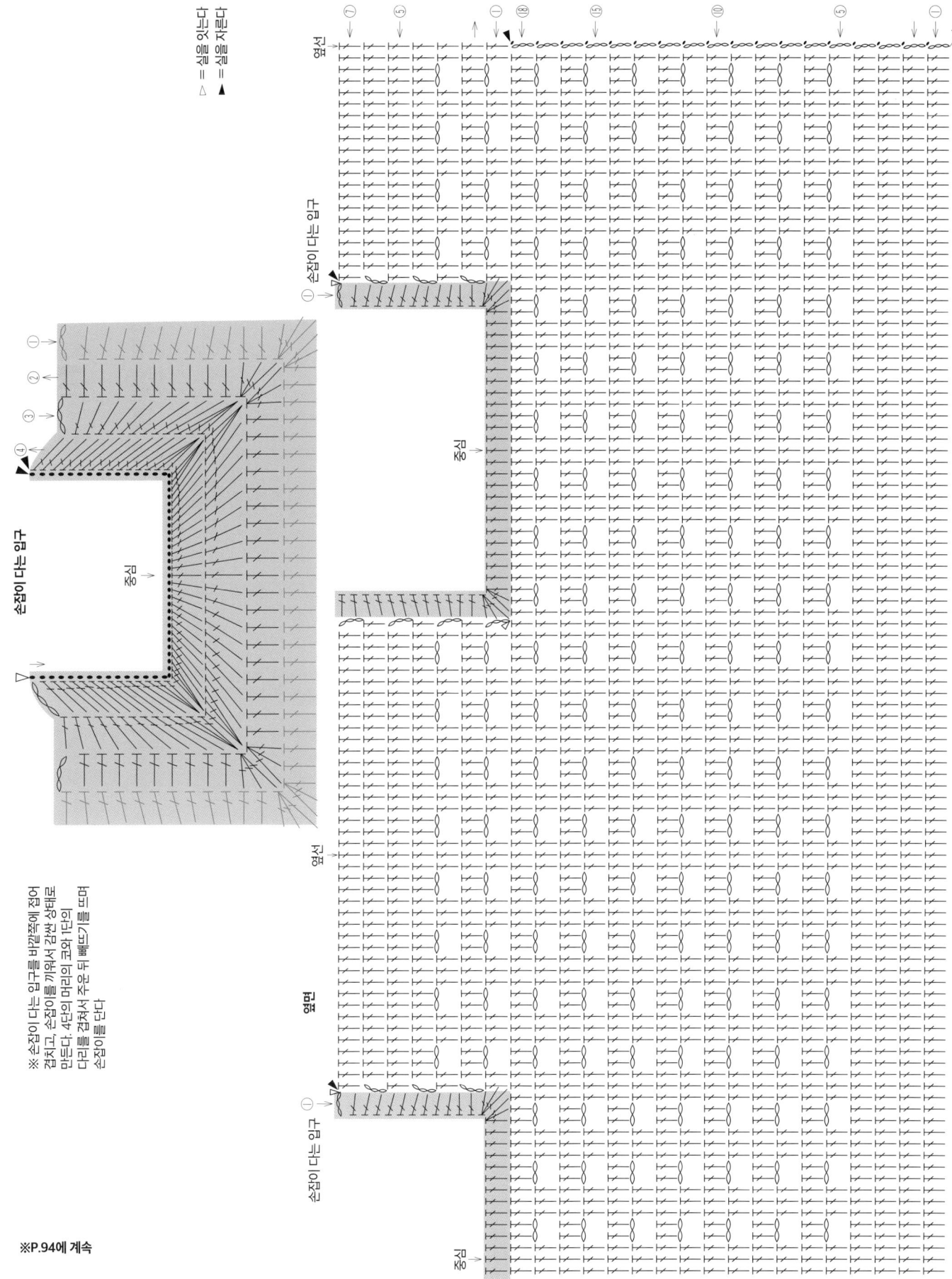

# 19 헤링본 무늬 가방 Photo » P.29

[재료 및 도구]
퍼피 브리티시 에로이카 브라운(192) 262g(6타래), 메르헨아트 나무 손잡이(MA2184·삼목·원형) 1세트, 코튼 리넨 캔버스(에크루 베이지) 66cm×49cm, 접착심 적당량, 코바늘 7/0호

[완성 사이즈]
입구 둘레 76cm×깊이 23.5cm (손잡이 제외)

[게이지]
짧은뜨기 16코×18단 · 무늬뜨기 16코×11단=사방 10cm

[뜨개 포인트]
● 바닥면은 원형뜨기의 기초코로 코를 만든 뒤 도안처럼 코를 늘리면서 짧은뜨기로 20단까지 뜬다. 이어서 옆면은 코를 줄이지 않고 짧은뜨기로 7단, 무늬뜨기로 13단을 뜬다. 지정된 위치(2군데)에 실을 이은 뒤 왕복뜨기로 14단을 뜬다.
● 손잡이 다는 입구는 지정된 위치에 실을 이어서 도안처럼 4단을 뜬다. 손잡이 다는 입구를 바깥쪽에 접어 겹치고, 손잡이를 끼워서 감싼 상태로 만든 뒤 빼뜨기를 뜨며 손잡이를 단다.
● 안감은 P.82의 '안감 만들기'를 참조해서 만든 뒤 편물 안쪽에 넣고 꿰매어 단다.

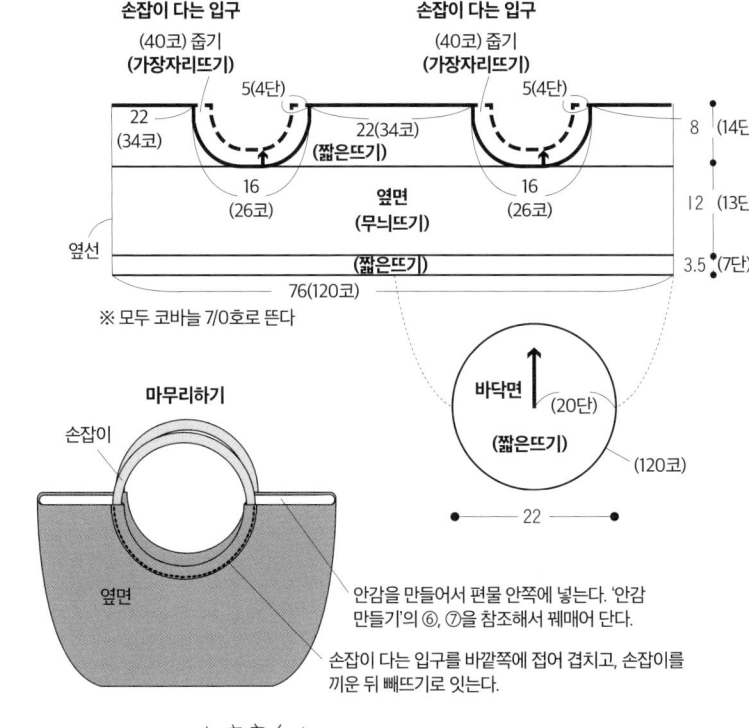

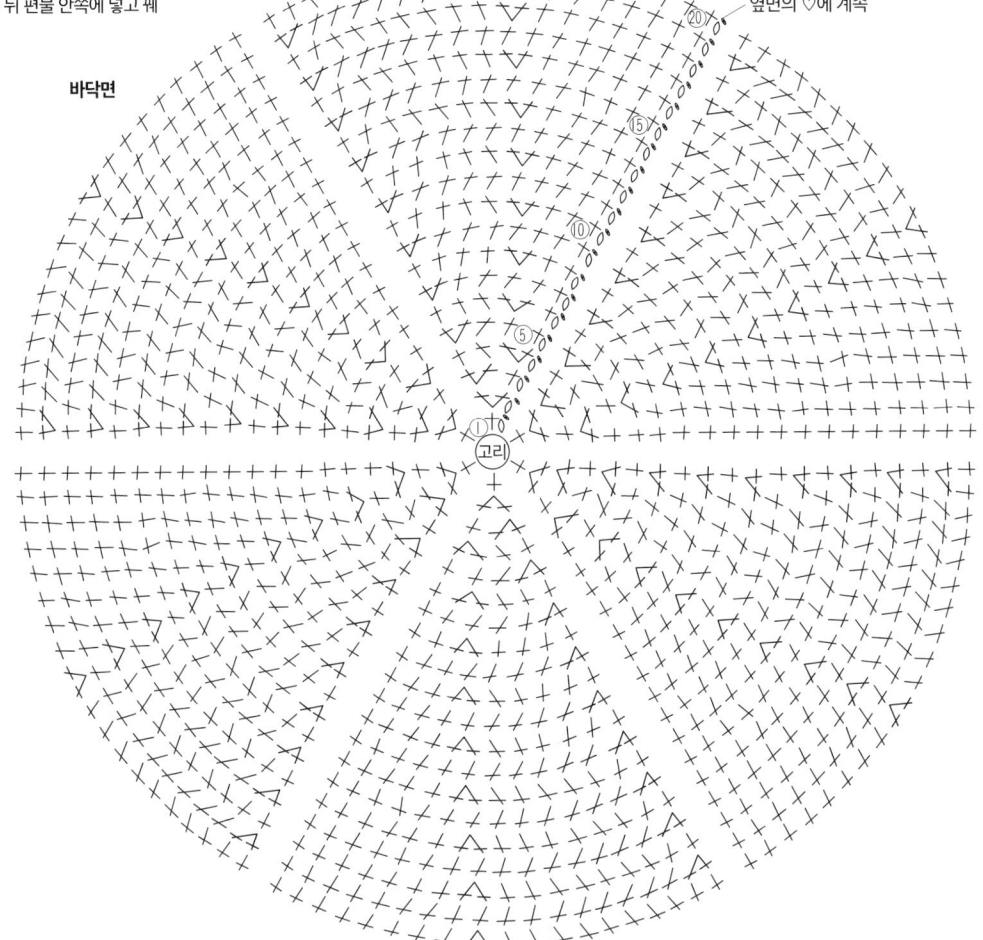

바닥면

| 바닥면의 콧수표 | | |
|---|---|---|
| 단수 | 콧수 | |
| 20단 | 120코 | (+6코) |
| 19단 | 114코 | (+6코) |
| 18단 | 108코 | (+6코) |
| 17단 | 102코 | (+6코) |
| 16단 | 96코 | (+6코) |
| 15단 | 90코 | (+6코) |
| 14단 | 84코 | (+6코) |
| 13단 | 78코 | (+6코) |
| 12단 | 72코 | (+6코) |
| 11단 | 66코 | (+6코) |
| 10단 | 60코 | (+6코) |
| 9단 | 54코 | (+6코) |
| 8단 | 48코 | (+6코) |
| 7단 | 42코 | (+6코) |
| 6단 | 36코 | (+6코) |
| 5단 | 30코 | (+6코) |
| 4단 | 24코 | (+6코) |
| 3단 | 18코 | (+6코) |
| 2단 | 12코 | (+6코) |
| 1단 | 6코 | |

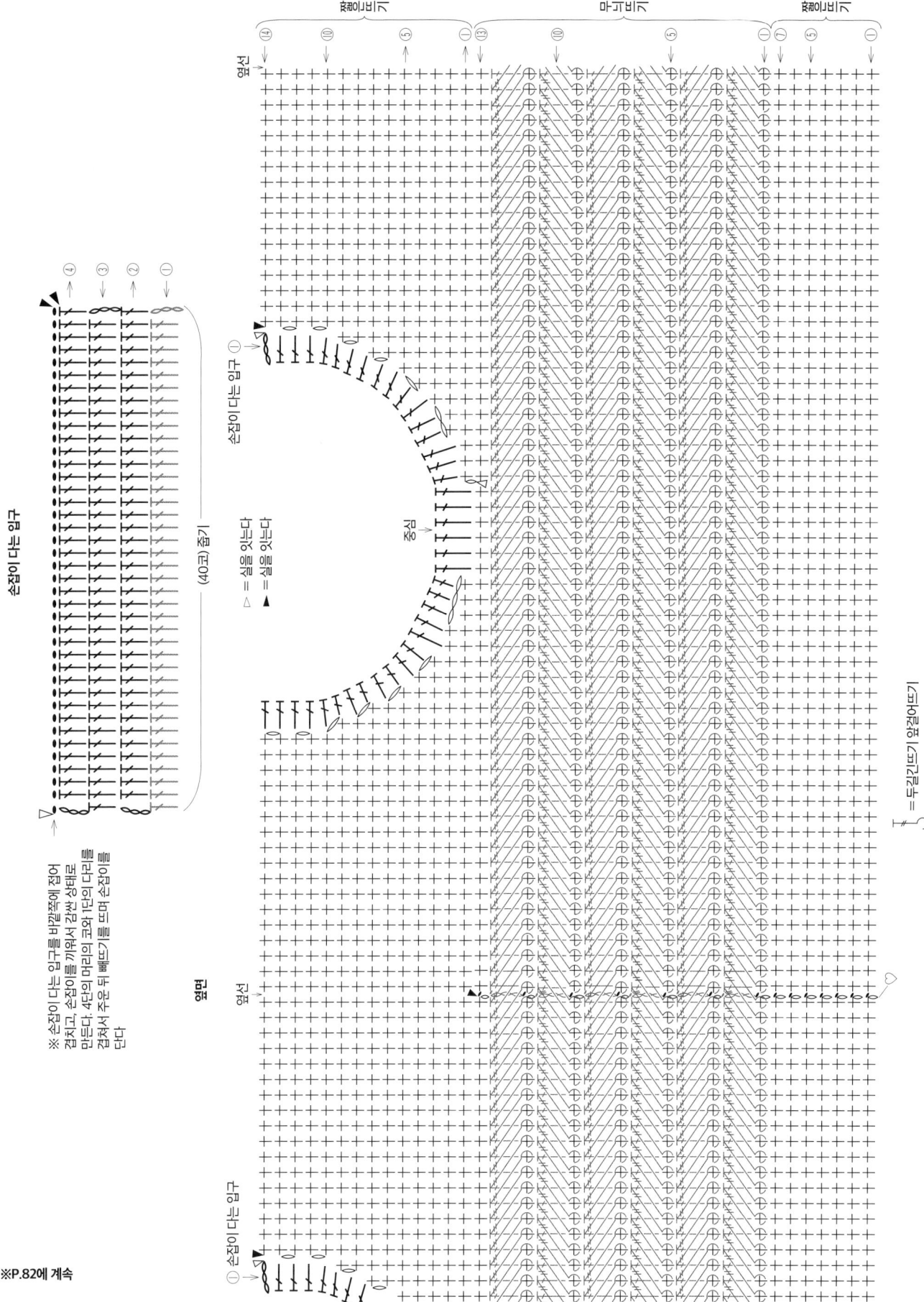

※P.82에 계속

**안감 만들기 & 마무리하기**

① 각 부분을 재단한다
※ 코튼 리넨

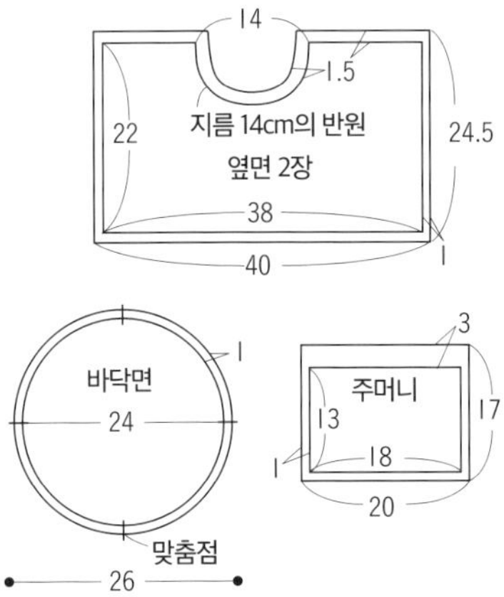

② 옆면 윗부분의 반원을 처리한다

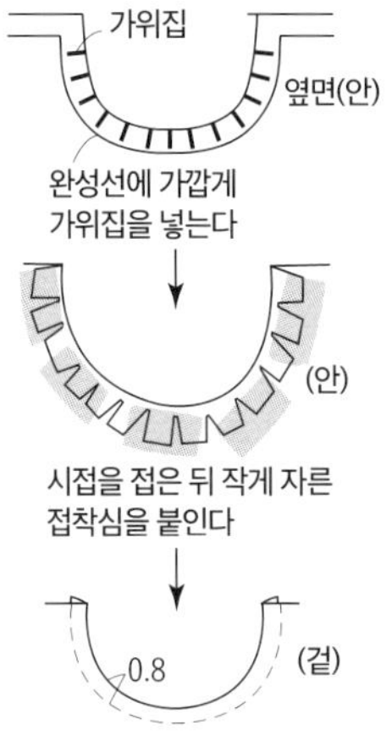

※P.81에 이어서

③ 주머니를 단다

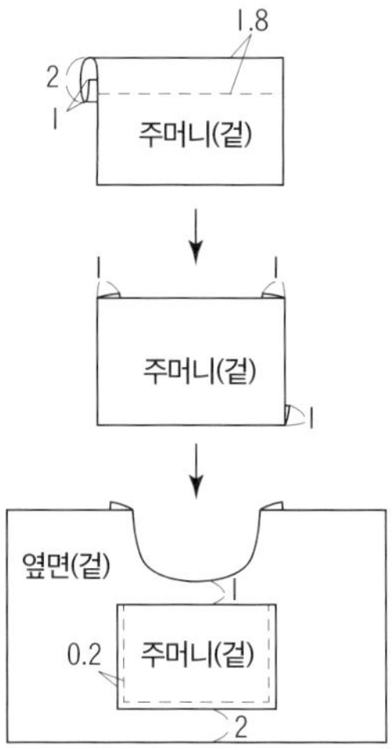

④ 옆면의 옆선을 꿰맨다

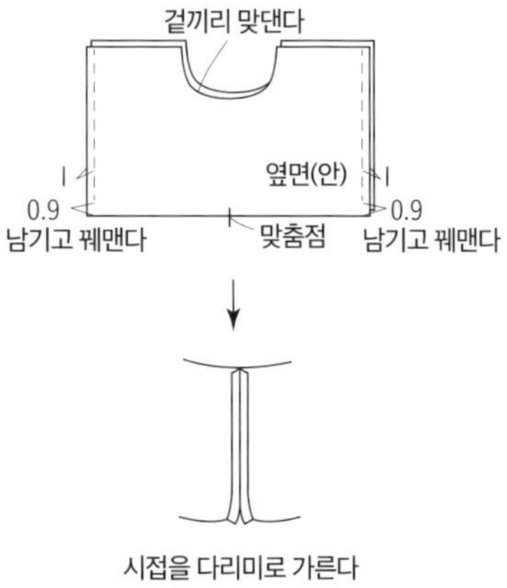

⑤ ④와 바닥면의 맞춤점을 맞추어놓고 꿰맨다

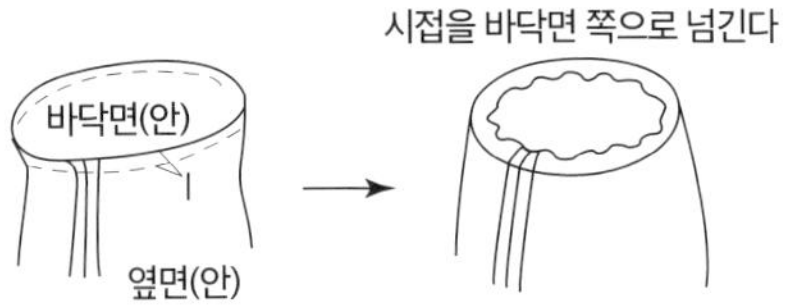

⑥ ⑤를 편물에 넣은 뒤 옆선을 가능한 곳까지 재봉틀로 박아준다

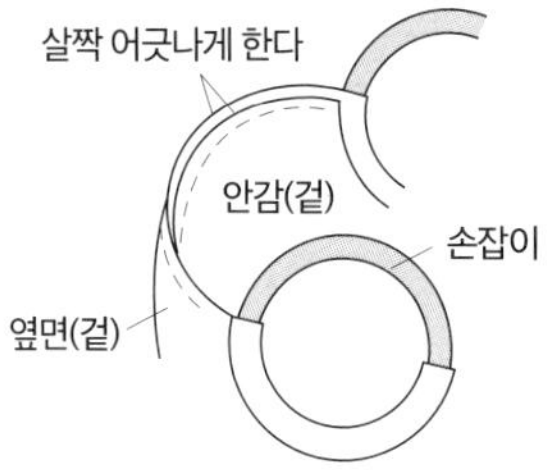

⑦ ⑥에서 재봉틀로 처리하지 못한 부분과 반원 곡선 부분은 손바느질로 감침질한다

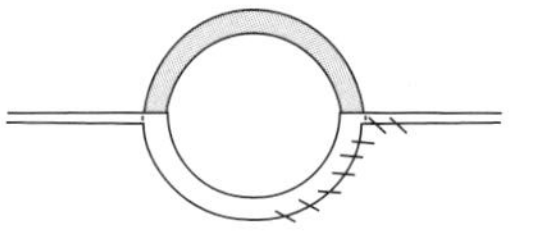

---

# 20 코위찬 스타일 미니 토트백 Photo » P.30

**[재료 및 도구]**

다루마 울 로빙 베이지(2) 44g, 에크루 베이지(1) 29g, 브라운(3)·그레이(7) 각 16g(각 1타래), 헤링본 테이프(에크루 베이지) 폭 30mm×길이 28cm 2개, 시트천(에크루 베이지) 32cm×44cm, 코바늘 8/0호

**[완성 사이즈]**

입구 둘레 60cm×깊이 16cm (손잡이 제외)

**[게이지]**

짧은뜨기 역줄기뜨기의 배색뜨기 12.5코×12단=사방 10cm

**[뜨개 포인트]**

● 바닥면은 사슬뜨기 15코로 기초코를 만든 뒤 도안처럼 코를 늘리면서 6단까지 뜬다. 이어서 옆면은 코를 줄이지 않고 짧은뜨기 역줄기뜨기의 배색뜨기(앞단 코의 머리의 앞쪽 반코를 주워서 뜬다)로 17단까지 뜬다. 손잡이의 지정된 위치에 실을 이은 뒤 손잡이의 중심부를 도안을 참조해서 뜬다. 손잡이 안쪽에 실을 이어서 1단을 뜬다(2군데). 그런 다음 손잡이 바깥쪽을 짧은뜨기로 빙 둘러 2단 뜬다.

● 손잡이 안쪽에 헤링본 테이프를 꿰매어 단다. 안감은 '안감 만들기'를 참조해서 만든 뒤 편물 안쪽에 넣고 꿰매어 단다.

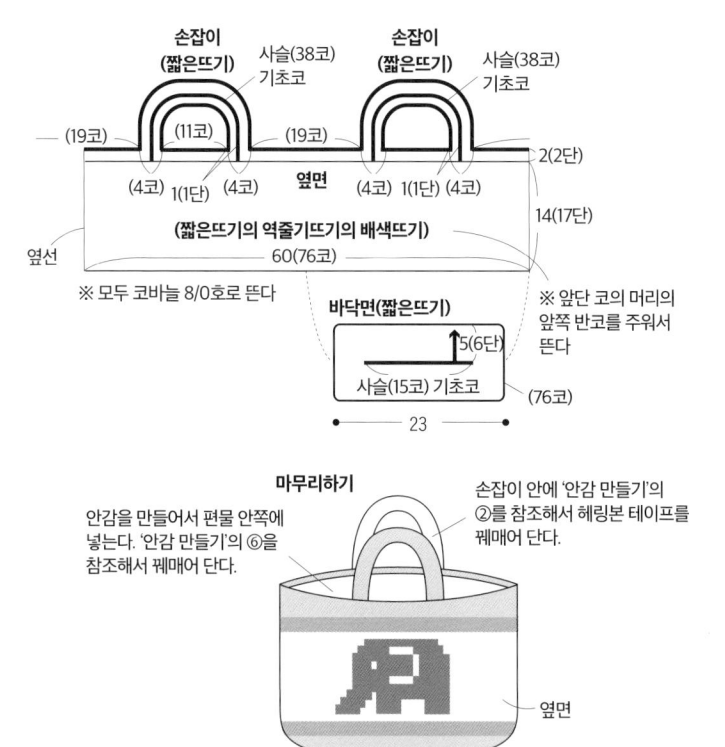

▷ = 실을 잇는다
► = 실을 자른다

배색
- ▒ = 그레이
- ＋ = 에크루 베이지
- ▒ = 브라운
- ▒ = 베이지

± = 짧은뜨기의 역줄기뜨기
(앞단 코의 머리의 앞쪽 반코를 주워서 뜬다)

겉에서 본 코는 일반적인 짧은뜨기와 같으나, 각 단의 안쪽에 줄기가 남는다

바닥면의 콧수표

| 단수 | 콧수 | |
|---|---|---|
| 6단 | 76코 | (+4코) |
| 5단 | 72코 | (+8코) |
| 4단 | 64코 | (+8코) |
| 3단 | 56코 | (+8코) |
| 2단 | 48코 | (+8코) |
| 1단 | 40코 | |

**안감 만들기 & 마무리하기**

① 각 부분을 재단한다

※ 시접은 모두 1cm

② 손잡이 안쪽에 헤링본 테이프를 꿰매어 단다

③ 옆선을 꿰맨다

④ 바닥이 될 부분을 꿰맨다

⑤ 가방 입구의 시접을 접는다

⑥ 편물 안에 넣고 꿰매어 단다

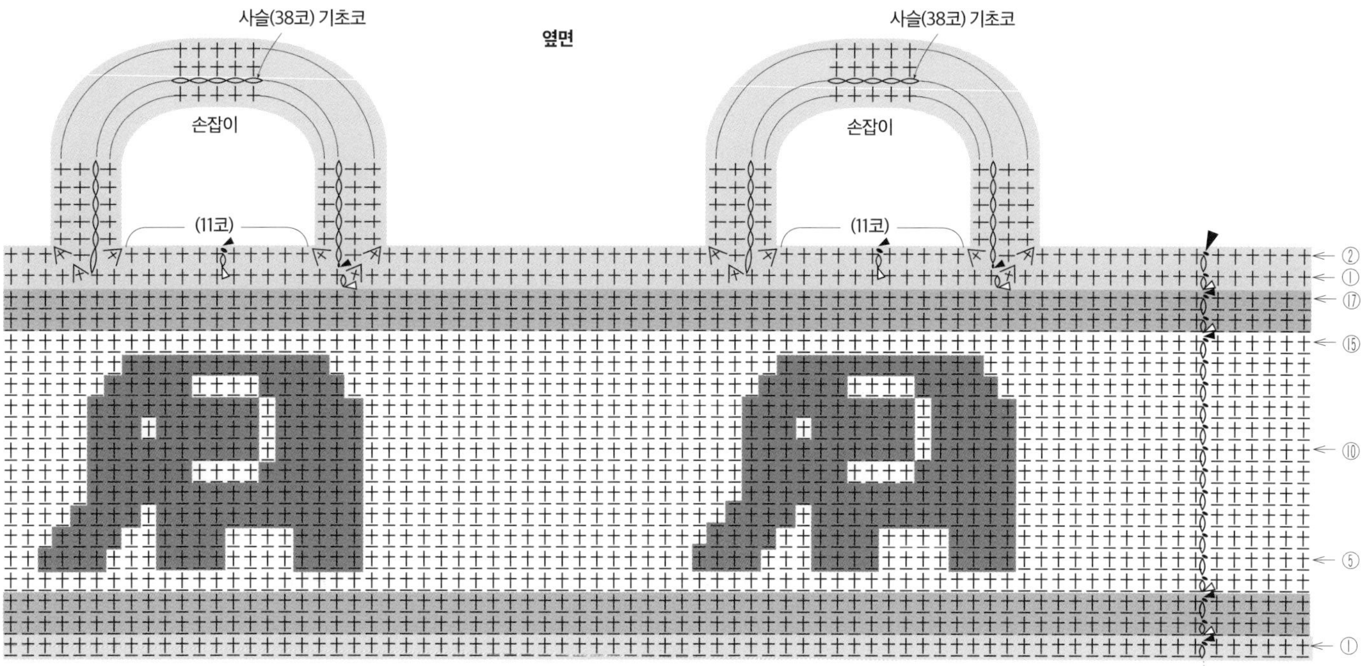

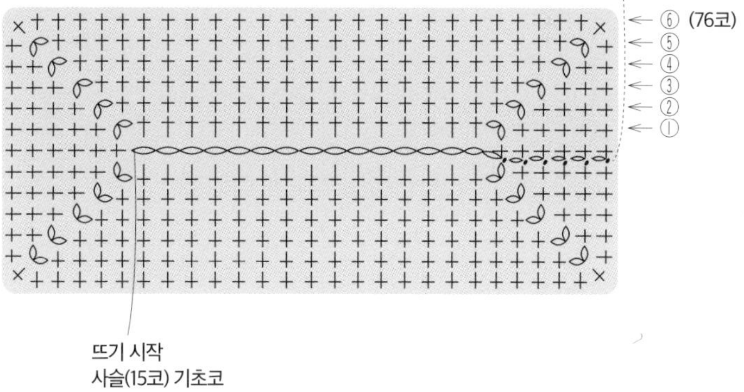

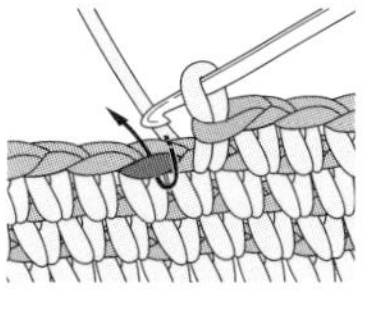

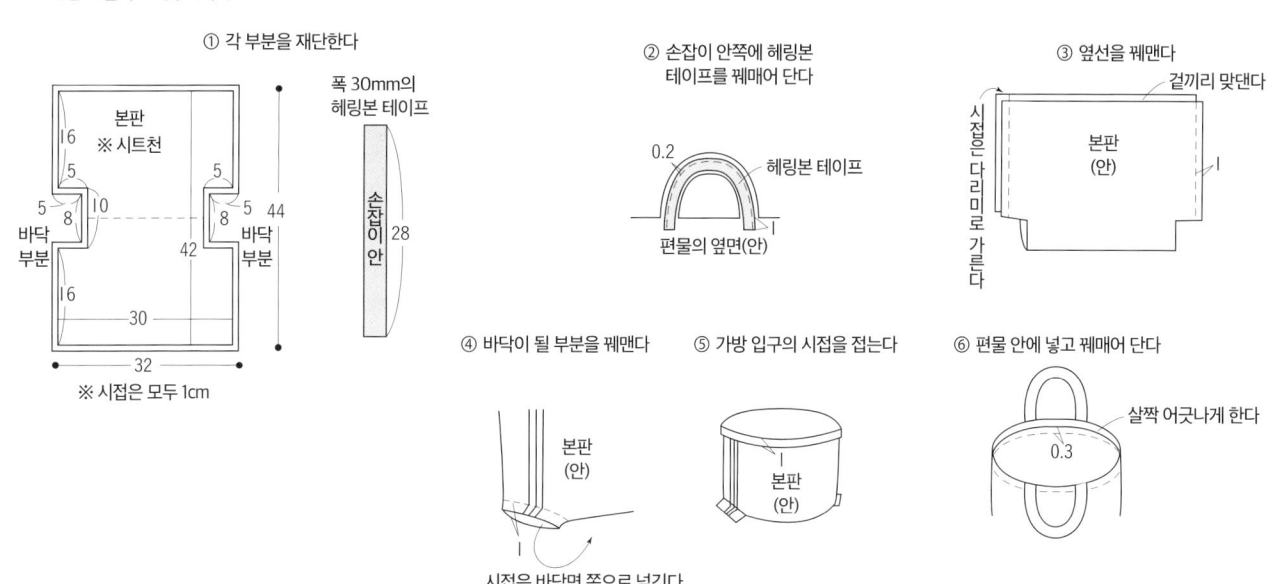

# 21 카디건 스타일 가방 Photo » P.31

[재료 및 도구]

다루마 메리노 스타일 극태사 에크루 베이지(301) 301g(8타래), 가죽단추 지름 20mm 4개, 헤링본 테이프(에크루 베이지) 폭 50mm×길이 54cm 1개, 시트천(에크루 베이지) 54cm×61cm, 코바늘 8/0호

[완성 사이즈]

입구 둘레 68cm×깊이 25cm (어깨끈 제외)

[게이지]

무늬뜨기 17.5코×20.5단=사방 10cm

[뜨개 포인트]

● 바닥면은 사슬뜨기 40코로 기초코를 만든 뒤 도안처럼 증감 없이 무늬뜨기로 19단까지 뜬다. 이어서 옆면도 증감 없이 무늬뜨기로 51단까지 뜬다(원형 왕복뜨기). 탭과 어깨끈은 지정된 위치에 실을 이은 뒤 각각 도안을 참조해서 뜬다.
● 손잡이 안쪽에 헤링본 테이프를 꿰매어 단다. 안감은 P.94의 '안감 만들기'를 참조해서 만든 뒤 편물 안쪽에 넣고 꿰매어 단다.
● 단추를 지정된 위치에 꿰매어 단다.

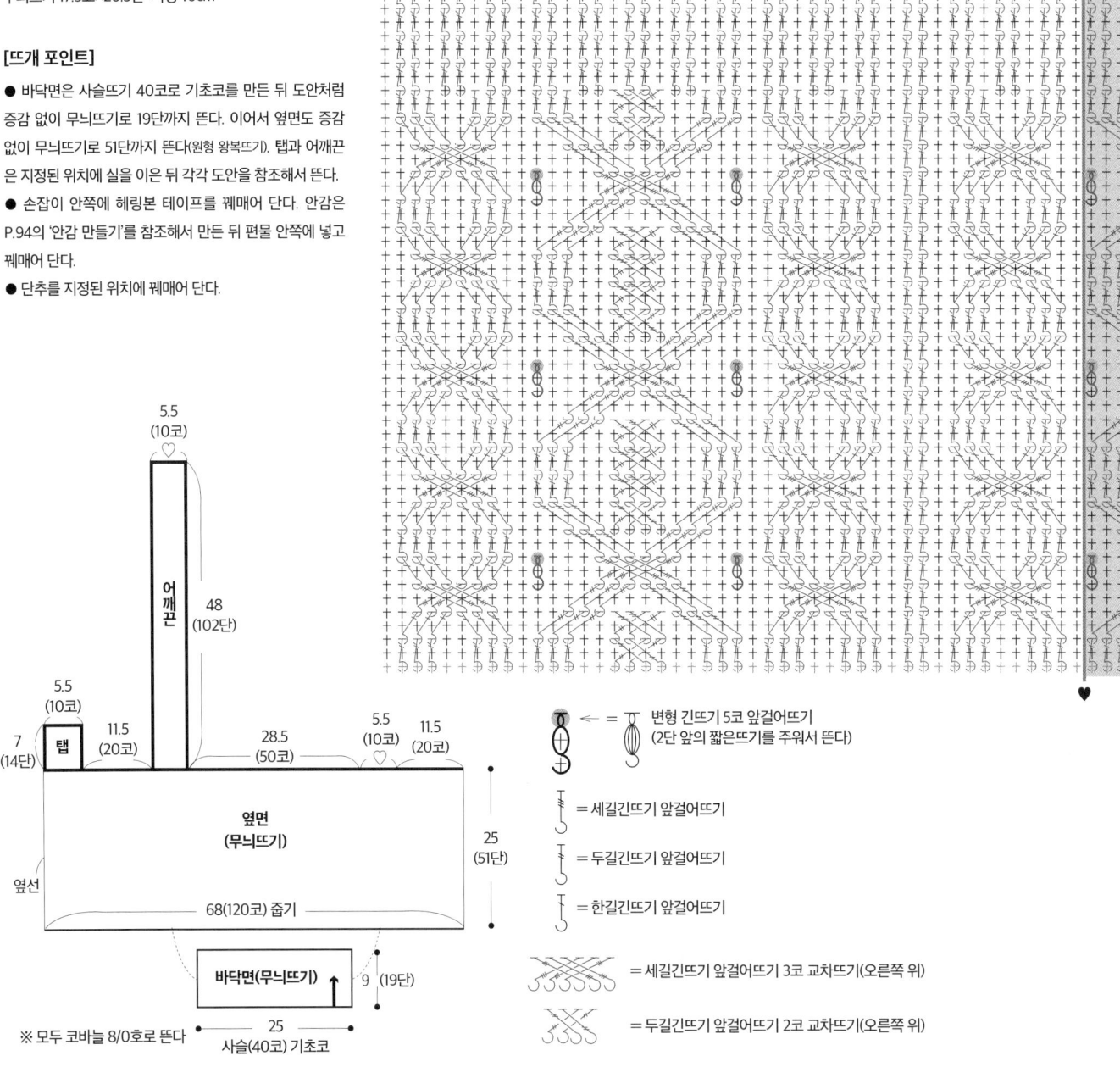

※P.94에 계속

▷ = 실을 잇는다
► = 실을 자른다

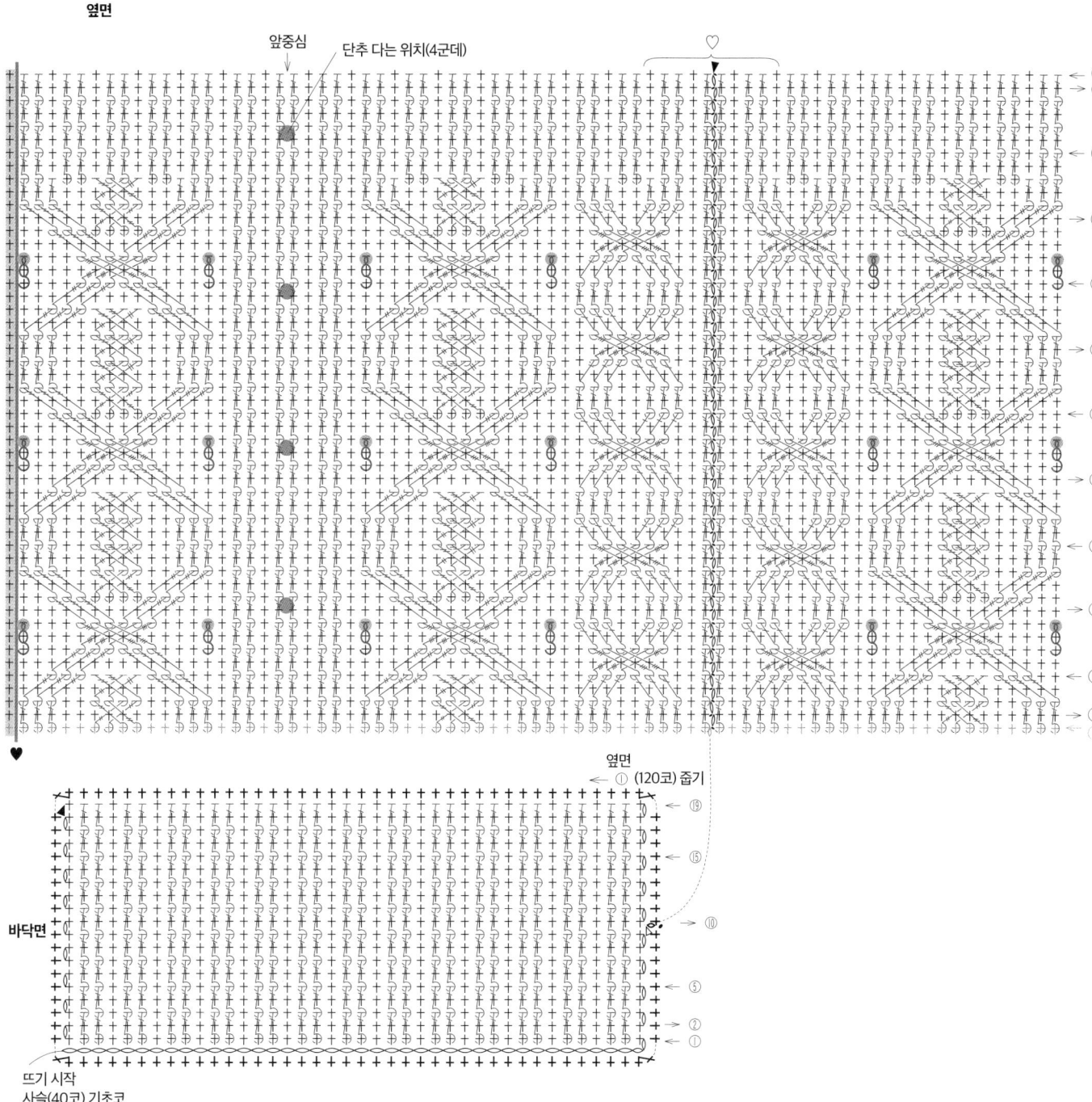

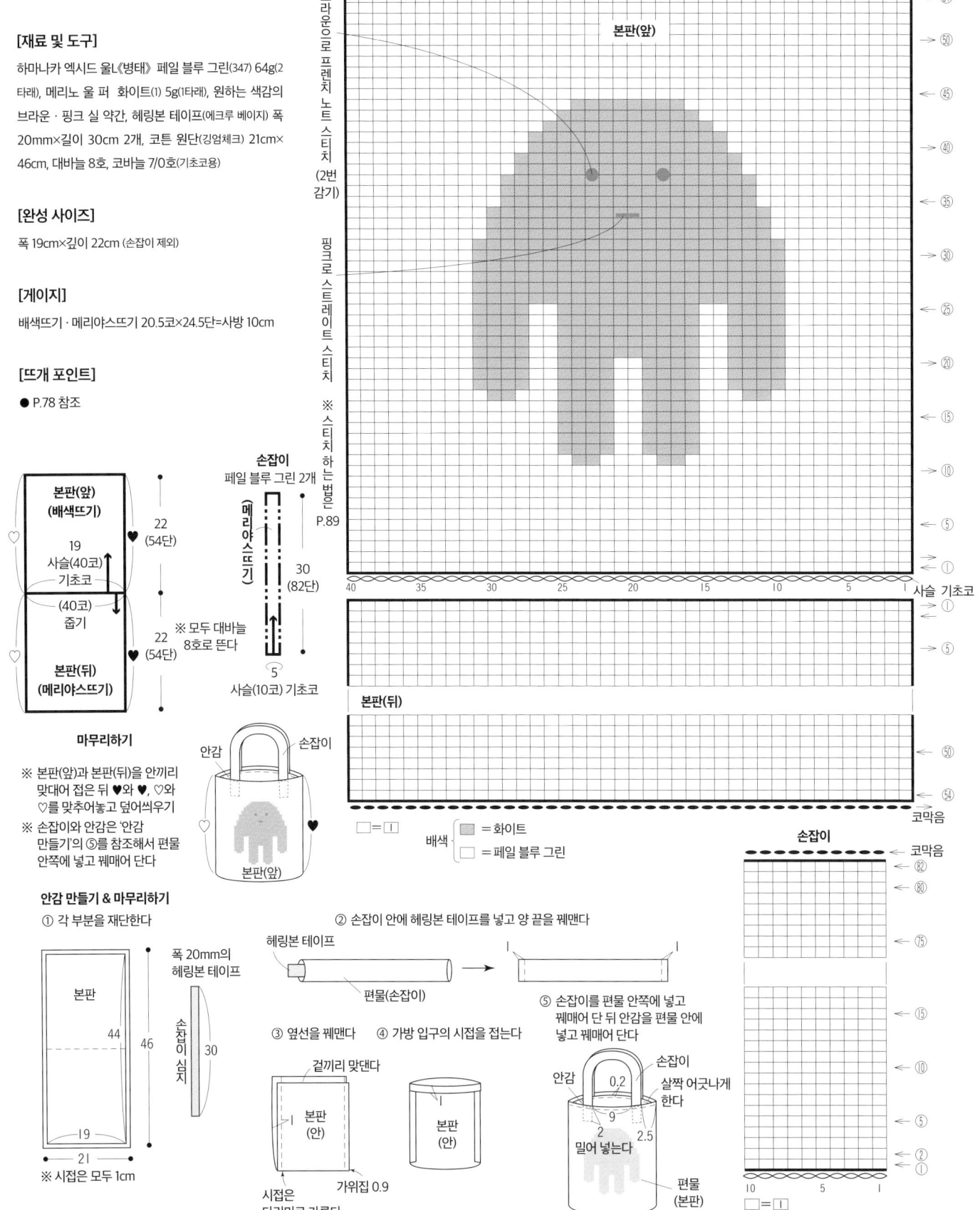

# 30 · 31 · 32 스프레이 홀더 Photo » P.38

**[재료 및 도구]**

30: 하마나카 에코안다리아 코발트 블루(901) 9g, 오프 화이트(168) 3g(각 1타래)

31: 하마나카 에코안다리아 레트로 블루(66) 7g, 레드 오렌지(164) 6g(각 1타래), 랍스터고리 1개

32: 하마나카 에코안다리아 그린(17) 15g(1타래), 단추 지름 13mm×1개

공통: 코바늘 5/0호

**[완성 사이즈]**

입구 둘레 12cm×깊이 9cm (손잡이 제외)

**[게이지]**

짧은뜨기 · 짧은뜨기 줄무늬 20코×20단=사방 10cm

**[뜨개 포인트]**

● 바닥면은 원형뜨기의 기초코로 코를 만든 뒤 도안처럼 코를 늘리면서 짧은뜨기로 4단까지 뜬다. 이어서 옆면은 코를 줄이지 않고 짧은뜨기(짧은뜨기 줄무늬)로 18단까지 뜬다.
● 도안을 참조해서 30 · 31 · 32 각각에 끈을 꿰매어 단다.
● 32는 단추를 꿰매어 단다.

바닥면의 콧수표

| 단수 | 콧수 | |
|---|---|---|
| 4단 | 24코 | (+6코) |
| 3단 | 18코 | (+6코) |
| 2단 | 12코 | (+6코) |
| 1단 | 6코 | |

※ 모두 코바늘 5/0호로 뜬다

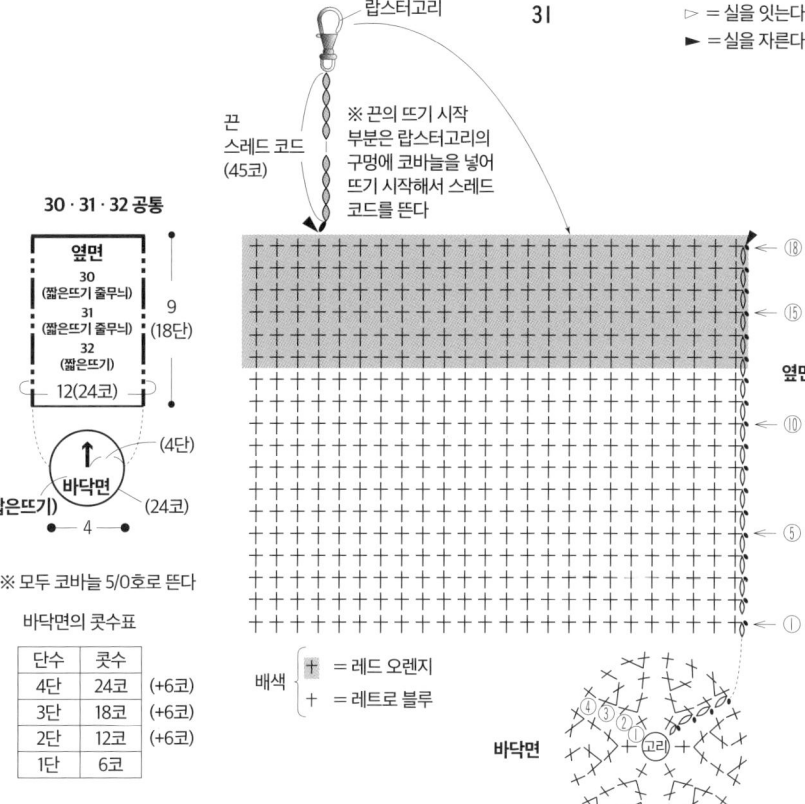

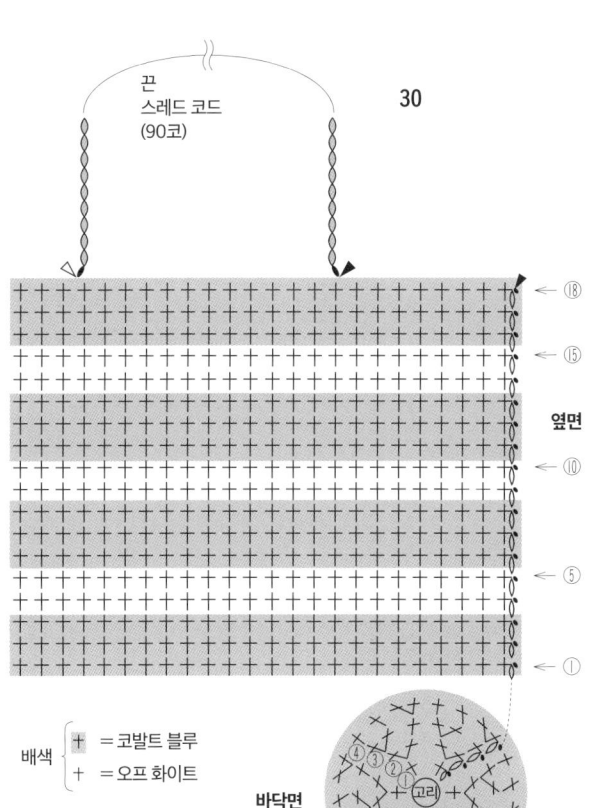

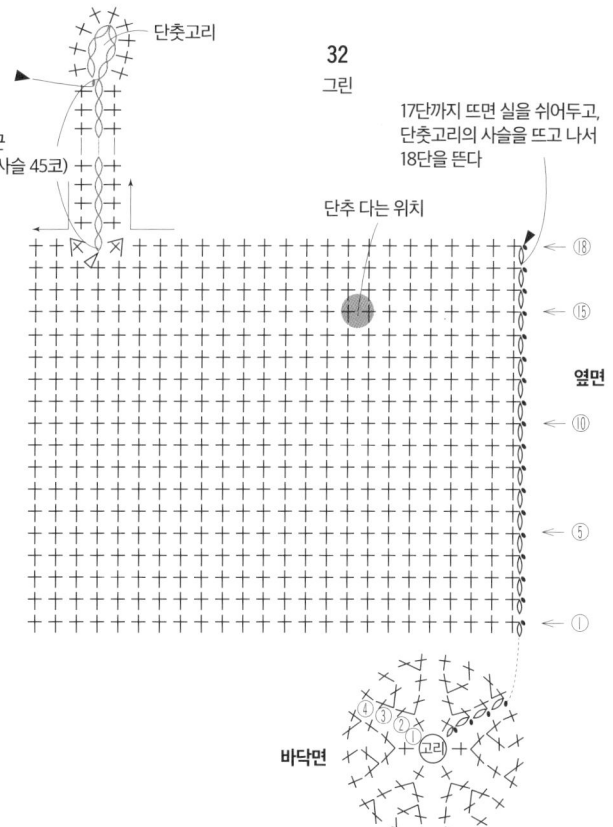

# 23 양 모양 가방 Photo » P.33

[재료 및 도구]

퍼피 유리카 모헤어 크림(301) 37g(1타래), 퀸 애니 차콜 그레이(946) 37g(1타래), 헤링본 테이프(에크루 베이지) 폭 10mm×길이 27cm 2개, 시트천(에크루 베이지) 27cm×36cm, 옷핀 1개, 코바늘 10/0호 · 6/0호

[완성 사이즈]

입구 둘레 38cm×깊이 17cm (손잡이 · 다리 제외)

[게이지]

무늬뜨기 10.5코×12단=사방 10cm

[뜨개 포인트]

● 본판은 사슬뜨기 18코로 기초코를 만든 뒤 사슬 주위를 주워서 1단을 뜬다. 도안처럼 코를 증감하면서 무늬뜨기로 원형 왕복뜨기로 20단까지 뜬다. 코를 알아보기 어렵기 때문에, 각 단의 뜨기 시작 부분과 뜨기 끝 부분에 단수표시링을 달면서 뜬다(P.50 참조).
● 손잡이는 사슬뜨기 8코로 기초코를 만들어 원통으로 만든 뒤 짧은뜨기로 증감 없이 54단까지 뜬다. '안감 만들기'의 ②를 참조해서 손잡이를 완성한다.
● 다리는 원형뜨기의 기초코로 코를 만든 뒤 짧은뜨기로 8단까지 뜬다.
● 얼굴과 귀는 원형뜨기의 기초코로 코를 만든 뒤 도안을 참조해서 각각 뜬다. '양 얼굴 브로치 마무리하기'를 참조해서 만든다.
● 안감은 '안감 만들기 & 마무리하기'를 참조해서 만든 뒤 편물 안쪽에 넣고 꿰매어 단다.

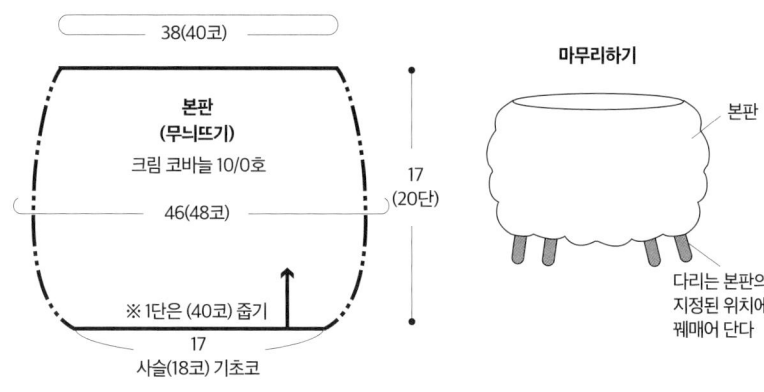

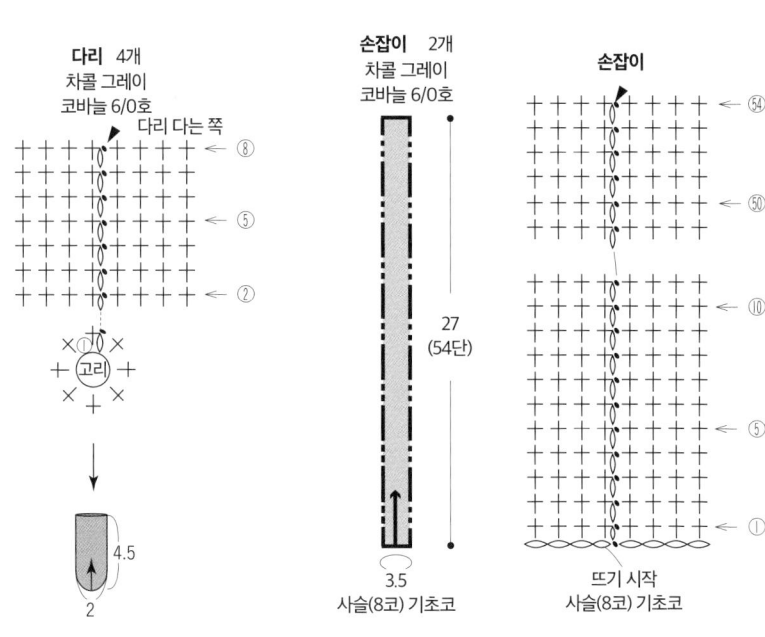

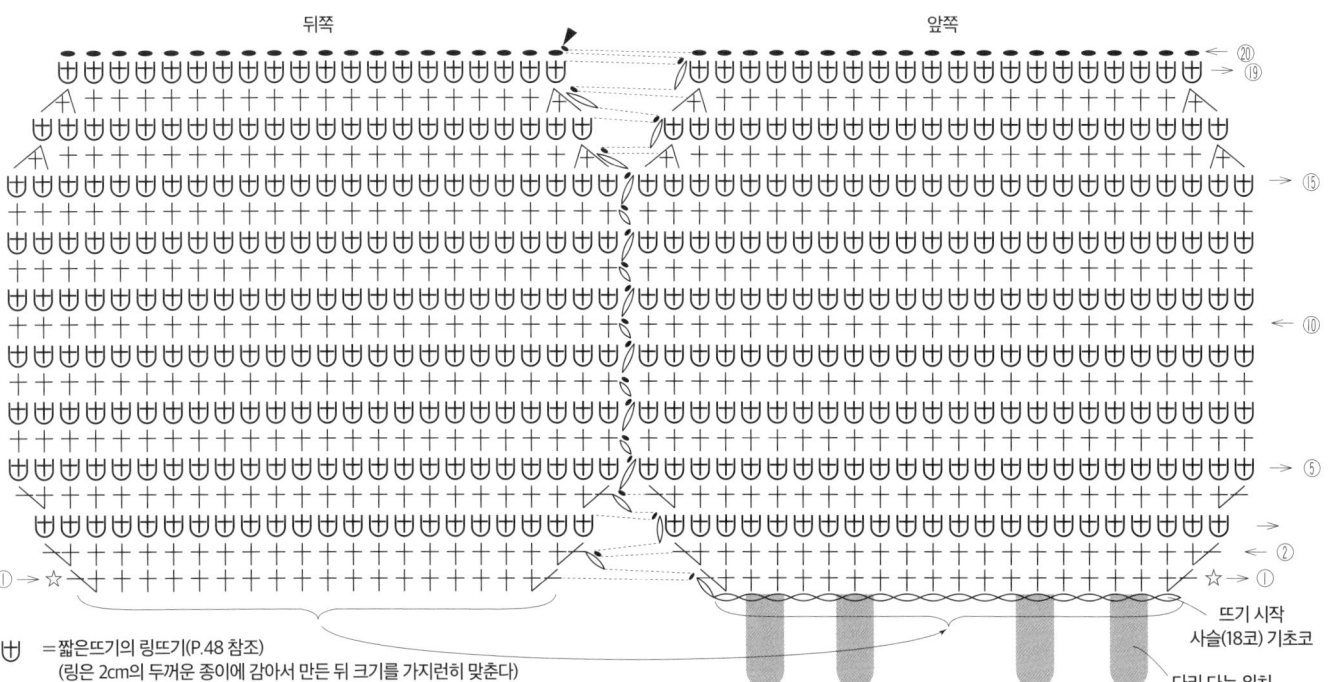

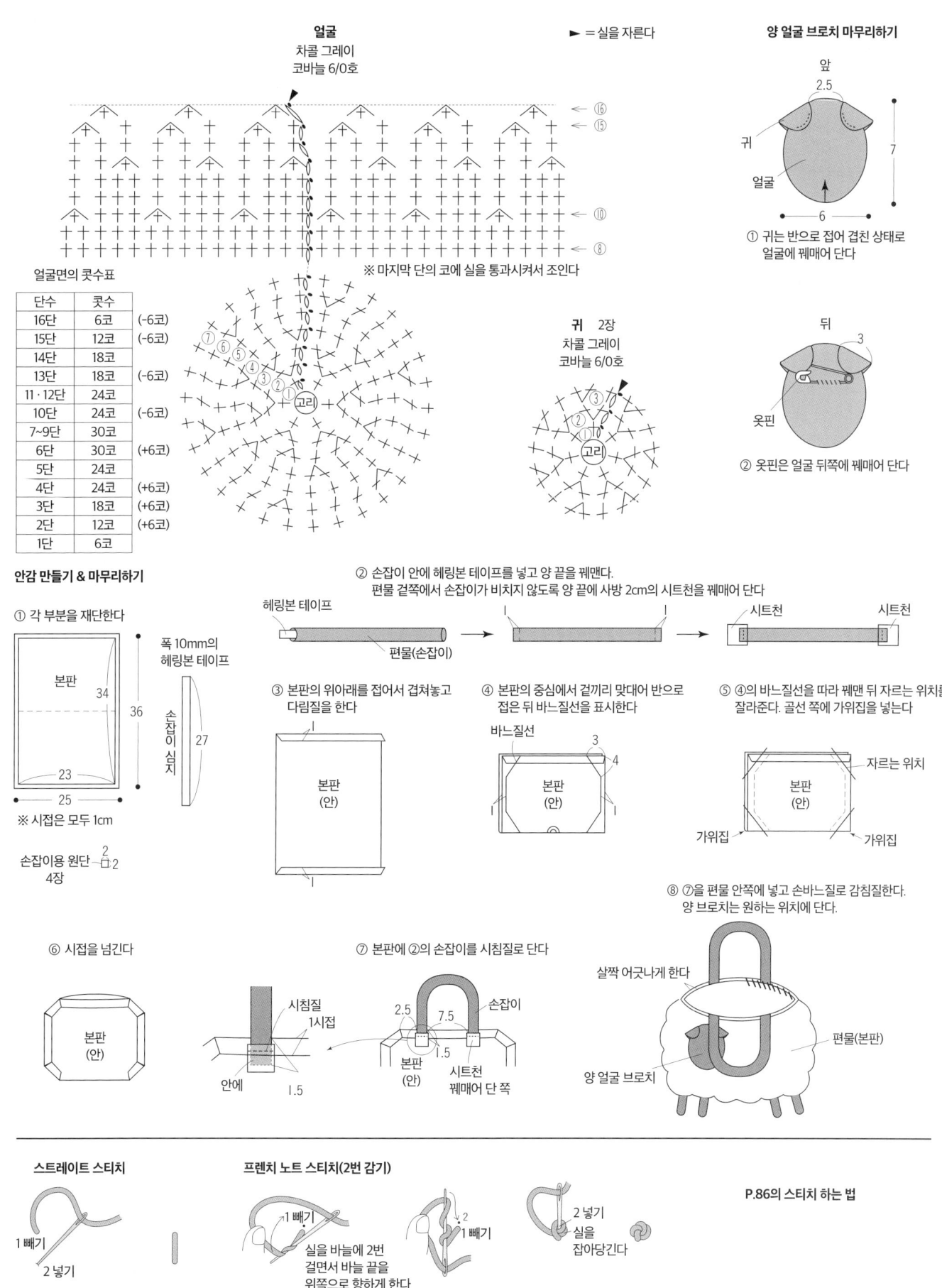

# 24 스웨터 파우치 Photo » P.34

### [재료 및 도구]

다루마 이로이로 오프 화이트(1) 25g(2타래), 지퍼(화이트) 15cm×1개, 코바늘 5/0호

### [완성 사이즈]

폭 9.5cm×깊이 11cm

### [게이지]

짧은뜨기 · 무늬뜨기 26코×30단=사방 10cm

### [뜨개 포인트]

- 앞 · 뒤 몸판은 사슬뜨기 50코로 기초코를 만들어 원통으로 만든 뒤 도안처럼 증감 없이 19단까지 뜬다. 계속해서 뒤 몸판을 왕복뜨기로 코를 줄이면서 33단까지 뜬다. 앞 몸판의 지정된 위치에 실을 이은 뒤 왕복뜨기로 코를 줄이면서 33단까지 뜬다.
- 소매는 사슬뜨기 14코로 기초코를 만들어 원통으로 만든 뒤 도안처럼 코를 늘리면서 15단까지 뜬다. 16단부터는 왕복뜨기로 코를 줄이면서 27단까지 뜬다.
- '마무리하기'를 참조해서 각 부분을 합친다.

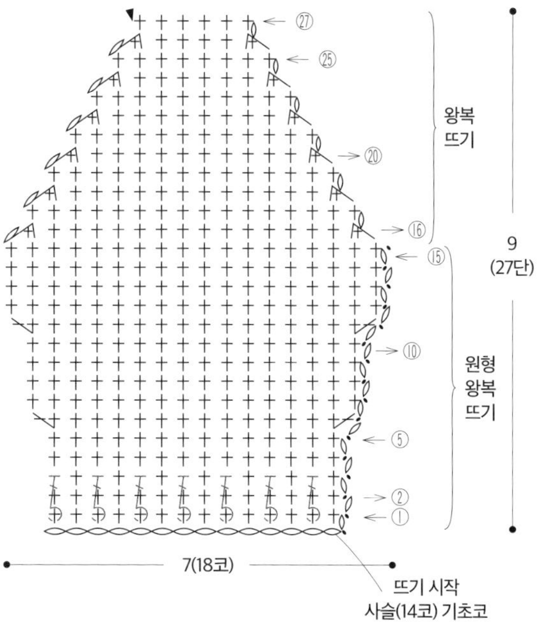

소매 2장

마무리하기

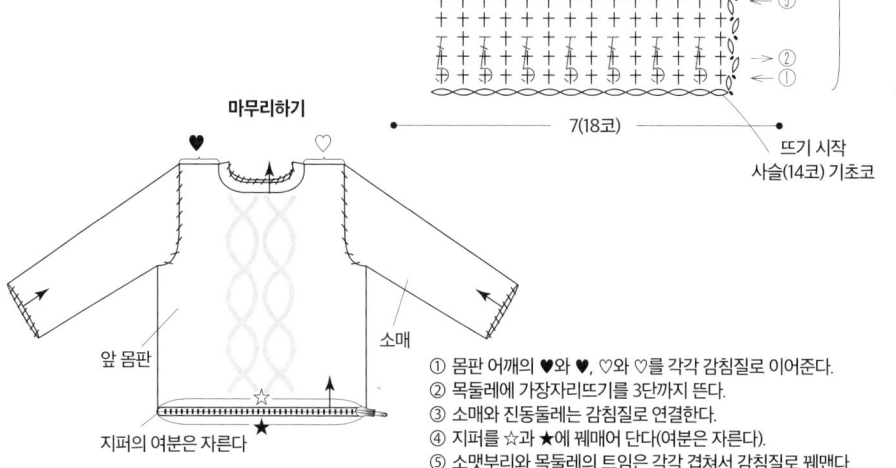

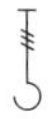

① 몸판 어깨의 ♥와 ♥, ♡와 ♡를 각각 감침질로 이어준다.
② 목둘레에 가장자리뜨기를 3단까지 뜬다.
③ 소매와 진동둘레는 감침질로 연결한다.
④ 지퍼를 ☆과 ★에 꿰매어 단다(여분은 자른다).
⑤ 소맷부리와 목둘레의 트임은 각각 겹쳐서 감침질로 꿰맨다.

 = 한길긴뜨기 앞걸어뜨기

 = 세길긴뜨기 앞걸어뜨기

※ 모두 코바늘 5/0호로 뜬다

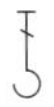

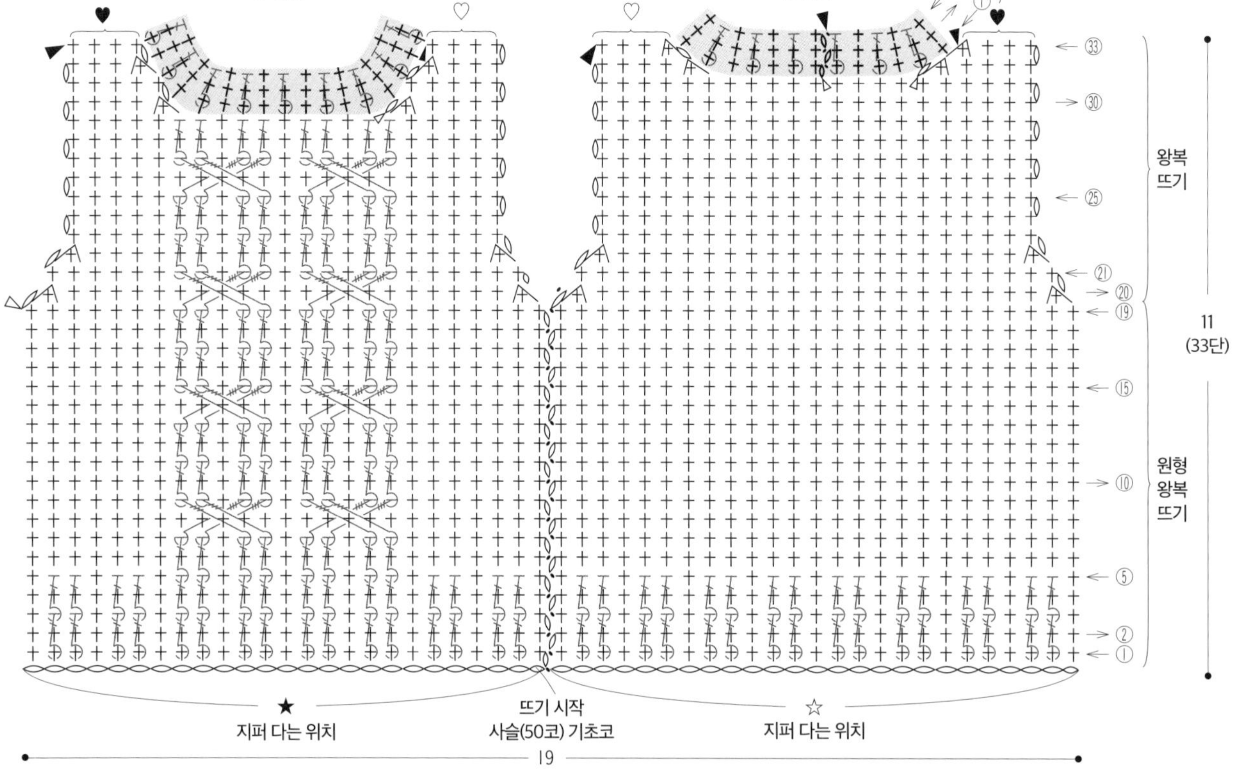

# 25 스커트 파우치 Photo » P.34

**[재료 및 도구]**

다루마 이로이로 피콕(16)·레드(37) 각 8g, 클로버(26) 4g, 네이비(12) 2g(각 1타래), 지퍼(레드) 15cm×1개, 코바늘 5/0호

**[완성 사이즈]**

폭 12cm×깊이 10.5cm

**[게이지]**

짧은뜨기의 배색뜨기 27코×28단=사방 10cm

**[뜨개 포인트]**

● 본판은 사슬뜨기 65코로 기초코를 만들어 원통으로 만든 뒤 도안처럼 짧은뜨기의 배색뜨기로 원형 왕복뜨기로 증감 없이 25단까지 뜬다. 25단의 지정된 위치에 주름을 잡고 접어 겹친 상태에서 벨트를 짧은뜨기로 4단까지 원통으로 뜬다. 본판의 지정된 위치에 편물의 위쪽에서부터 빼뜨기를 뜬다.

● '마무리하기'를 참조해서 각 부분을 합친다.

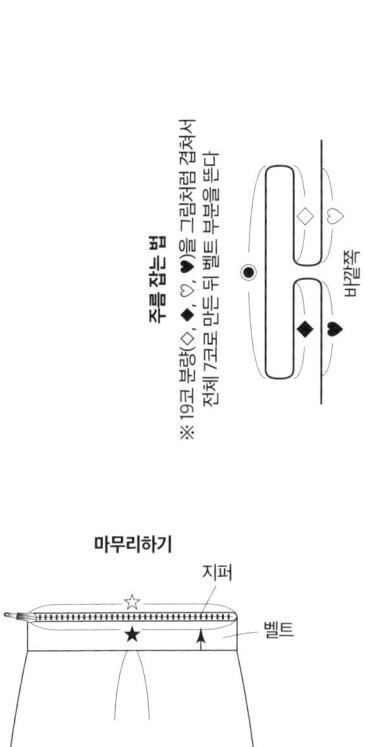

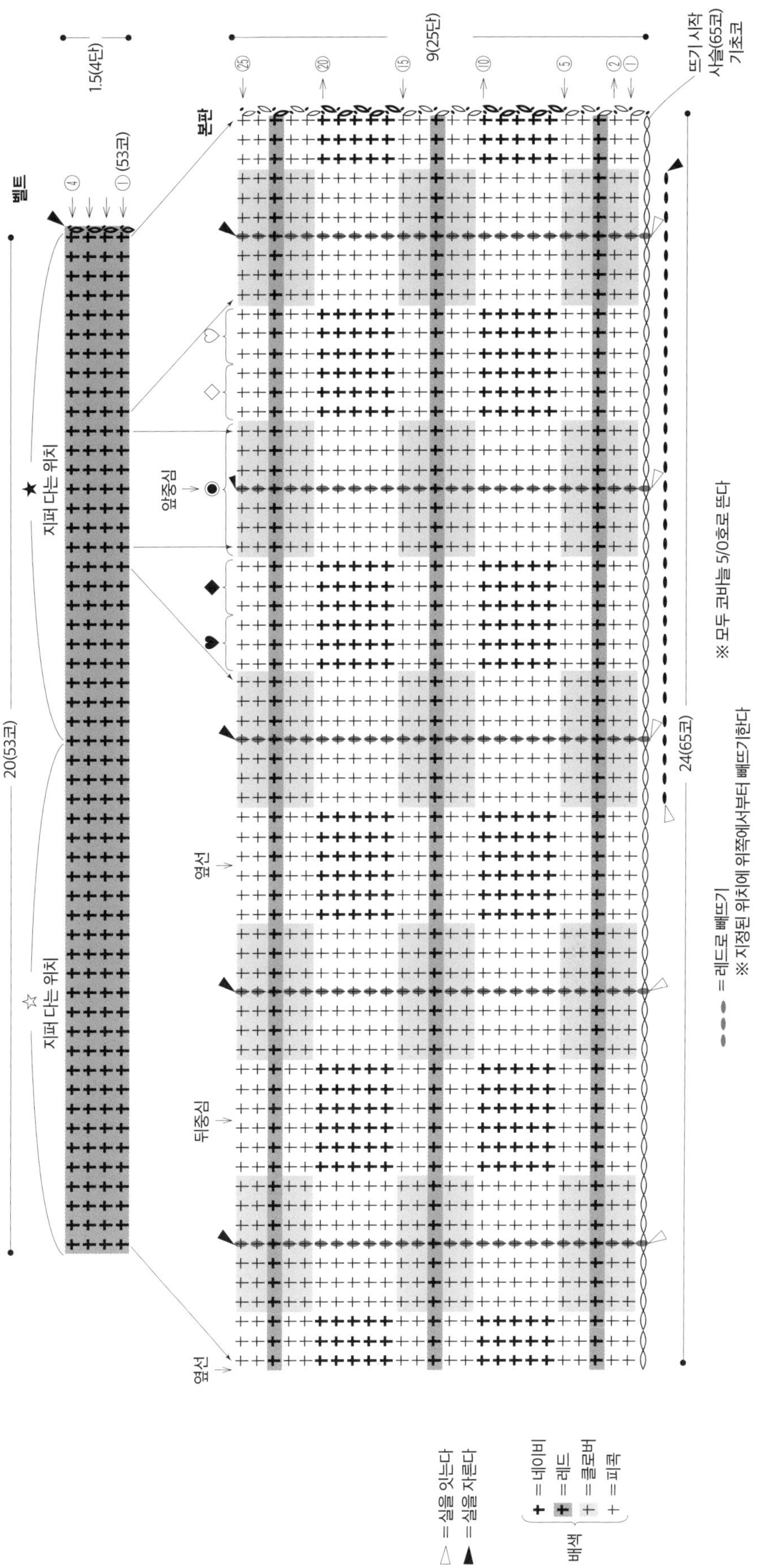

**마무리하기**

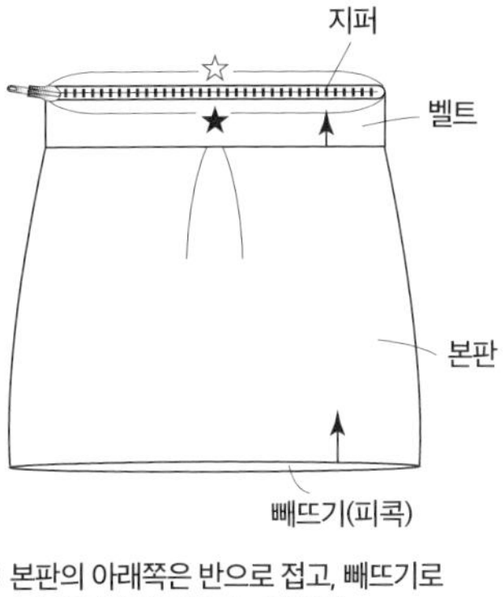

① 본판의 아래쪽은 반으로 접고, 빼뜨기로 이어준다(33번째 코는 앞쪽만).
② 지퍼를 벨트의 ☆과 ★에 꿰매어 단다. 여분의 지퍼는 자른다.

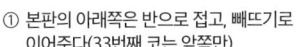

# 27·28·29 손잡이 커버 Photo » P.37

### [재료 및 도구]

27: 울 원단(타탄체크) 12cm×12cm, 리넨 원단(카키) 12cm×12cm, 벨크로(화이트) 폭 20mm×길이 9.5cm

28: 가죽(블랙) 10cm×10cm, 스프링도트단추(니켈) 지름 10mm×2세트

29: 하마나카 에코안다리아 블랙(30) 6g, 베이지(23) 5g(각 1타래), 스냅단추 지름 14mm×2세트

공통: 코바늘 5/0호

### [완성 사이즈]

폭 10cm

### [게이지]

29: 짧은뜨기의 배색뜨기 22코×19단=사방 10cm

### [뜨개 포인트]

27·28
● 도안을 참조해서 각각 만든다.

29
● 본판은 사슬뜨기 20코로 기초코를 만든 뒤 도안처럼 증감 없이 짧은뜨기의 배색뜨기로 17단 뜬다. 계속해서 주위에 가장자리뜨기를 빙 둘러 1단 뜬다. 지정된 위치에 스냅단추를 꿰매어 단다.

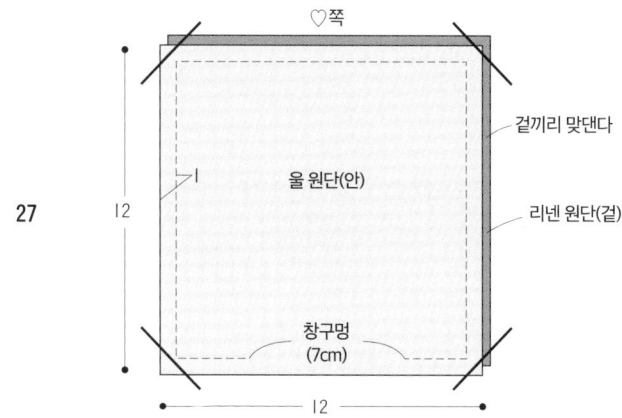

① 울 원단과 리넨 원단을 겉끼리 맞댄 뒤 창구멍만 남기고 꿰맨다. 모서리 4군데를 자른 뒤 겉으로 뒤집어서 다리미로 깔끔하게 정돈하고 창구멍을 꿰맨다.

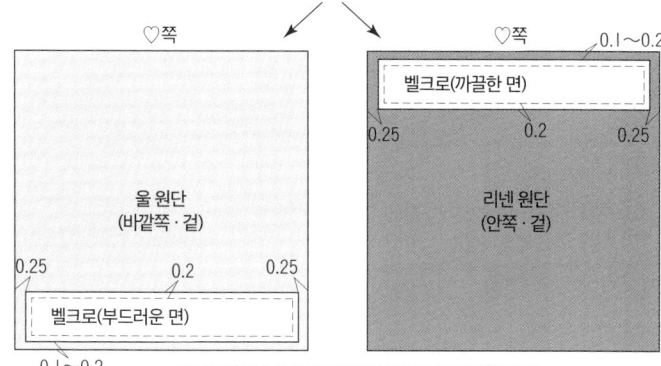

② 울 원단과 리넨 원단 각각에 벨크로를 꿰매어 단다

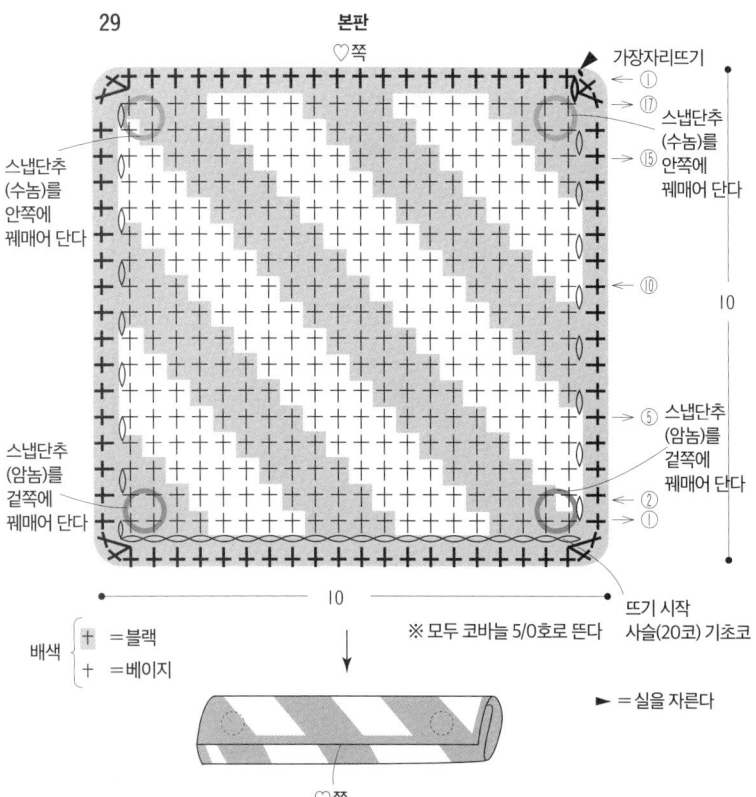

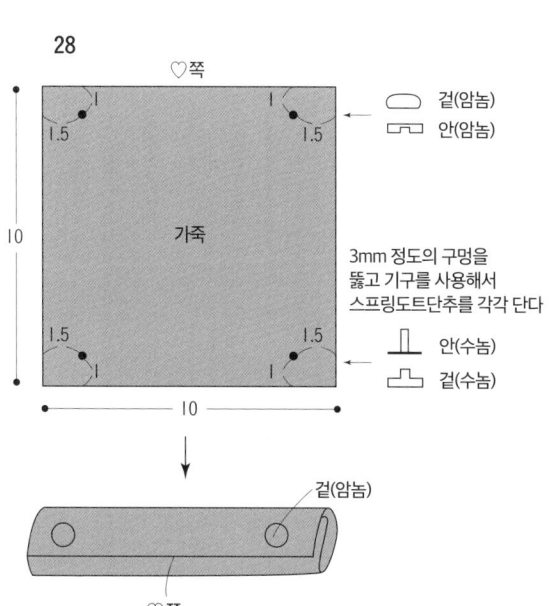

# 33 퍼 장식 Photo » P.39

**[재료 및 도구]**

퍼피 페리지 브라운(2317) 38g(1타래), 대바늘 12호(60cm 이하의 줄바늘)

**[완성 사이즈]**

입구 둘레 72cm×깊이 14cm

**[게이지]**

메리야스뜨기 · 안메리야스뜨기 12.5코×17단=사방 10cm

**[뜨개 포인트]**

● 본판은 손가락에 거는 기초코로 90코의 기초코를 만든 뒤 원통으로 만든다. 도안처럼 증감 없이 안메리야스뜨기로 12단까지 뜬다. 탭을 뜨는 지정된 위치 17코(♥)를 다른 바늘(또는 다른 실)에 옮겨 쉬어둔다. 13단은 메리야스뜨기로 뜨는데, 쉼코의 위치는 감아코로 17코를 만들면서 뜨고, 메리야스뜨기로 24단까지 뜬다. 뜨기 끝 부분은 코막음을 한다.

● 12단의 쉬어두었던 코에 새로 실을 이은 뒤 양쪽 끝은 3코씩 코막음을 하고 중심에서 11코만큼 주운 뒤 탭을 안메리야스뜨기로 10단까지 뜬다. 뜨기 끝 부분은 코막음을 한다(2군데).

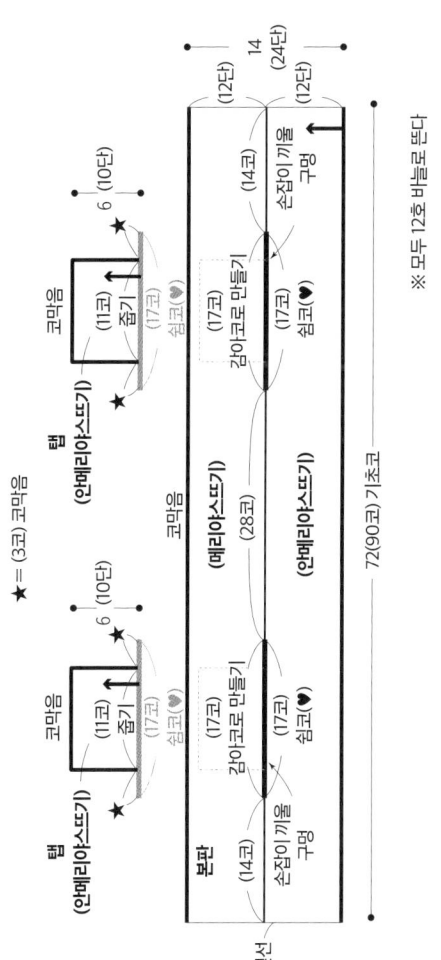

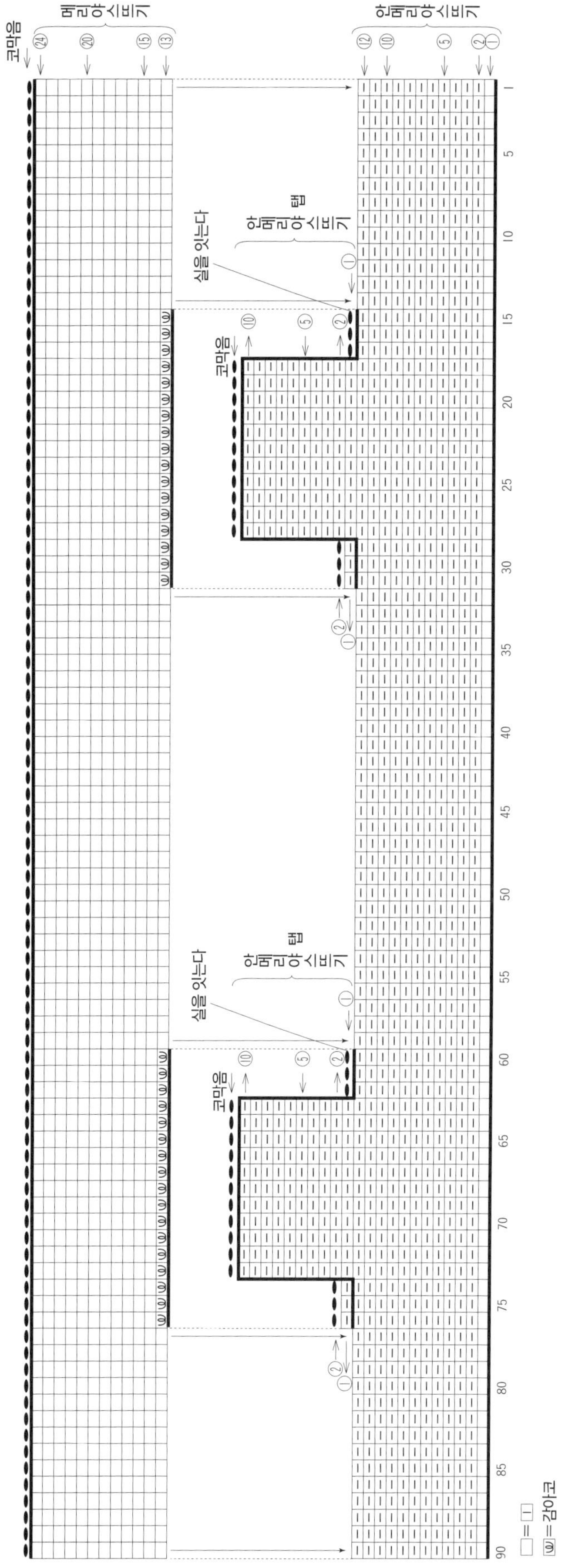

## 안감 만들기 & 마무리하기

※P.78에 이어서

① 각 부분을 재단한다
② 주머니를 본판에 단다 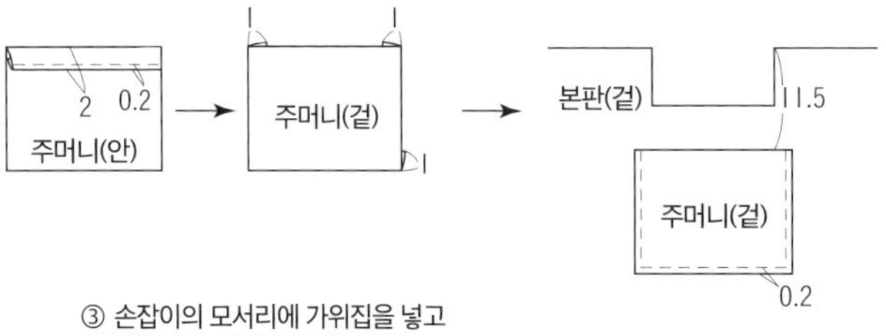
③ 손잡이의 모서리에 가위집을 넣고 접은 뒤 스티치를 한다 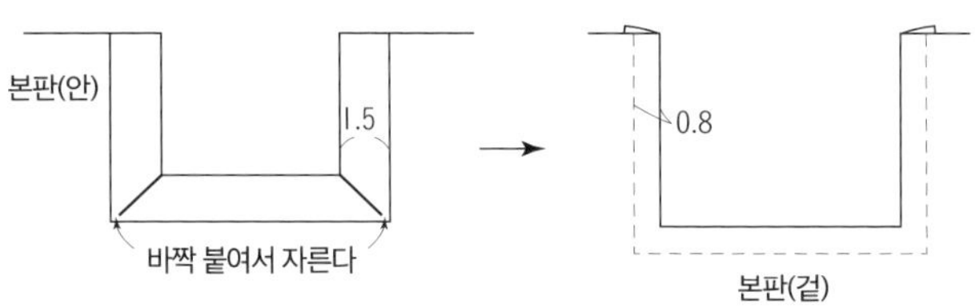
④ 옆선의 시접을 접고 스티치를 한다 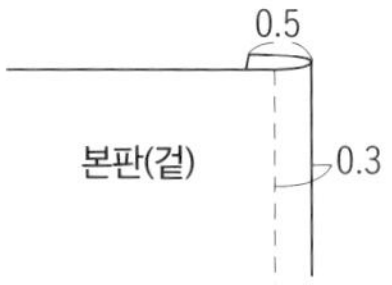
⑤ 옆선을 꿰맨다 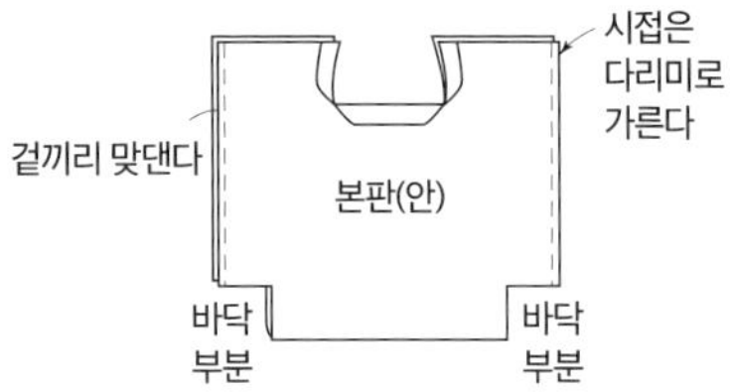
⑥ 바닥이 될 부분을 꿰맨다 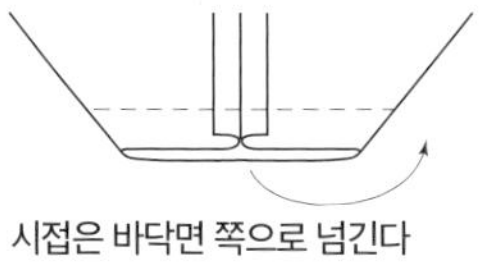
⑦ 양옆 윗부분을 접은 뒤 편물 안에 넣고 꿰매어 단다

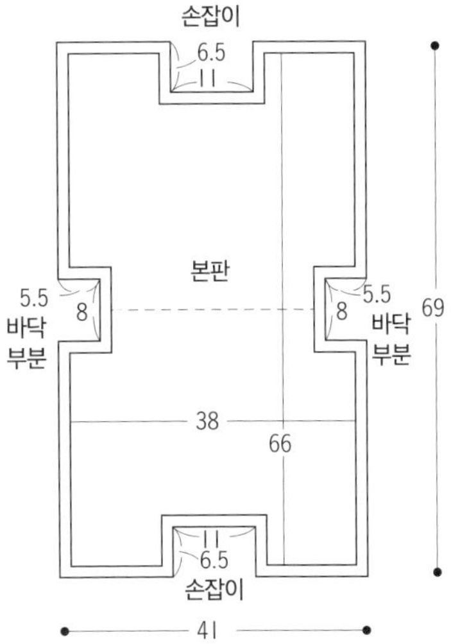

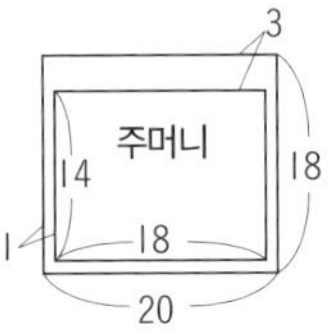

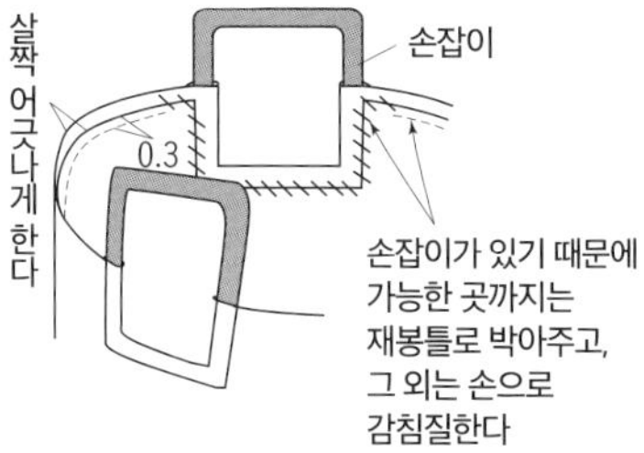

※ 시접은 모두 1.5cm

## 안감 만들기 & 마무리하기

※P.84에 이어서

① 각 부분을 재단한다
② 주머니를 본판에 단다
③ 옆선을 꿰맨다
④ 바닥이 될 부분을 꿰맨다
⑤ 가방 입구의 시접을 접는다
⑥ 헤링본 테이프를 어깨끈 안쪽에 꿰매어 단다
⑦ 편물 안에 ⑥을 넣고 한 바퀴 빙 둘러 꿰맨다
⑧ 단추를 지정된 위치에 꿰매어 단다. 맨 위쪽 단추만 안감까지 관통시켜서 달고, 나머지 3개는 편물에 꿰매어 단다.

※ 시접은 모두 1cm

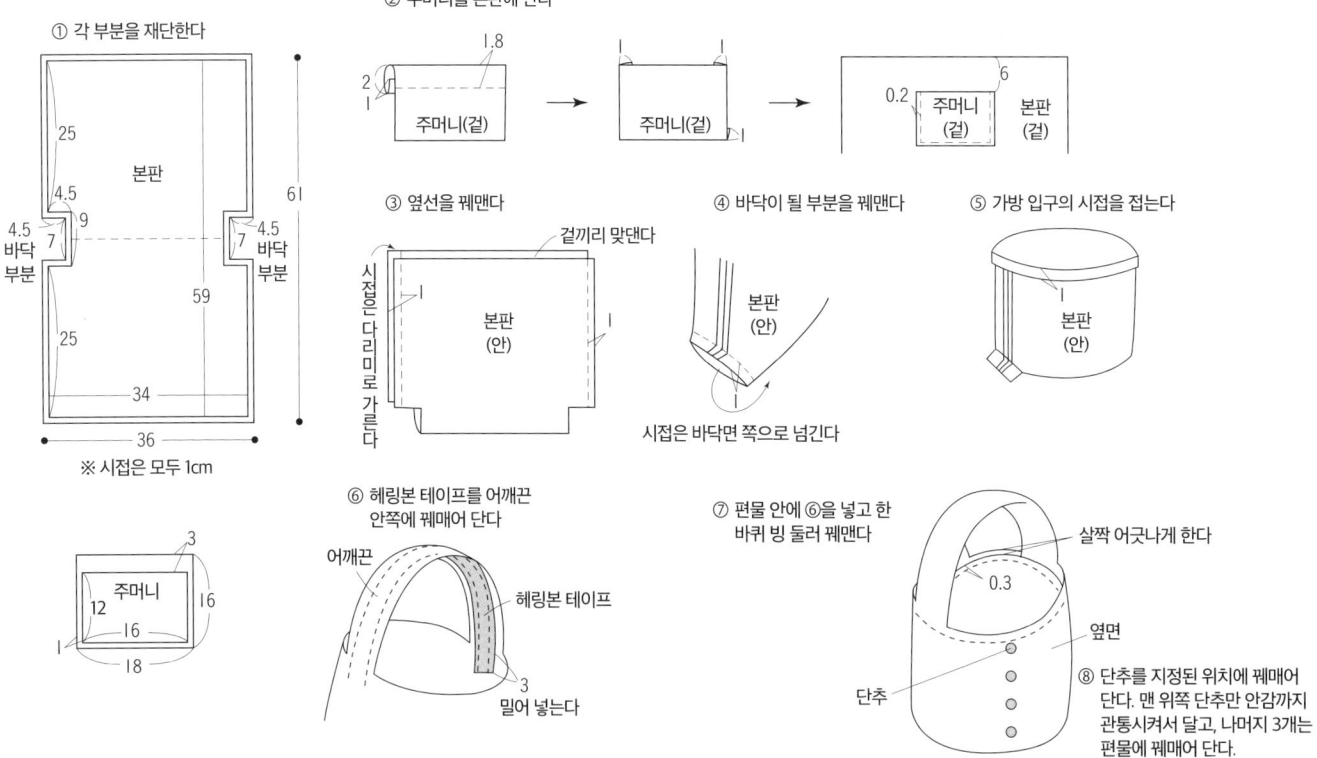

## 코바늘뜨기의 기초

### 준비물

- 코바늘…책에는 작품에 사용한 바늘 호수가 적혀 있는데, 자신의 손놀림에 맞춰서 바꿔 사용해도 됩니다.
- 돗바늘…실 정리를 할 때 사용합니다. 실의 굵기에 맞춰 선택하세요.
- 가위…끝이 가늘고 날이 잘 드는 수예용 가위를 사용하세요.
- 단수표시링…뜨개코의 위치를 표시해둘 때 편리합니다. 없다면 레이스 실로 대체해도 됩니다.

### 실 거는 법 · 바늘 잡는 법

**왼손(실 거는 법)**

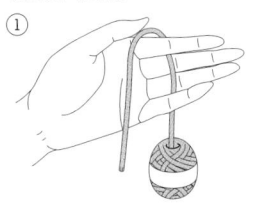

① 가운데 있는 손가락 2개의 안쪽에 끼우고, 실타래는 손가락 바깥쪽으로 빼둔다.

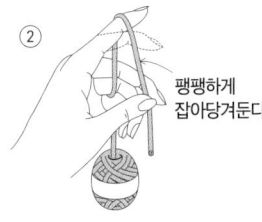

② 엄지와 중지로 실을 잡은 뒤 검지를 세워서 실을 팽팽하게 잡아당긴다. 팽팽하게 잡아당겨둔다

**오른손(바늘 잡는 법)**

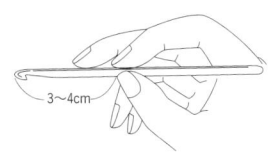

엄지와 검지로 가볍게 쥔다. 그리고 중지를 바늘 위에 얹는다(뜨기 힘들 때는 바늘을 쥐고 떠도 된다). 3~4cm

### 뜨개도안 보는 법

뜨개도안은 편물의 뜨개코를 겉에서 본 상태에서 그대로 기호로 옮겨놓은 것입니다. 실제로 뜰 때는 기본적으로 오른쪽에서 왼쪽으로 진행하기 때문에, 왕복해서 뜨는 경우는 편물의 겉과 안을 번갈아 보면서 뜨는 상황이 됩니다. 단의 뜨기 시작 부분에 있는 기둥코인 사슬이 오른쪽에 있는 단은 겉에서 뜨는 단, 왼쪽에 있는 단은 편물을 뒤집어서 안에서 뜨는 단입니다.

원통으로 뜨는 경우, 보통은 계속 겉을 보면서 뜨지만 단마다 뜨는 방향을 바꿔서 뜨는 경우도 있으므로 기둥코인 사슬의 방향에 주의해야 합니다.

뜨개코는 바늘 아래쪽에 생겨 나가므로, 뜨개도안에서는 아래쪽에서 위쪽(둥글게 뜰 때는 중심에서 바깥쪽)을 향해 떠 나갑니다. 뜨기 시작하는 위치에서부터 차례로 기호를 따라가며 뜨세요.

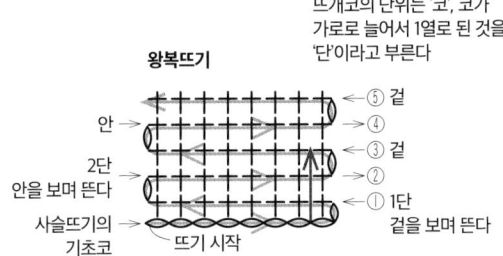

왕복뜨기 / 안 / 2단 안을 보며 뜬다 / 사슬뜨기의 기초코 / 뜨기 시작 / ①1단 겉을 보며 뜬다 / ② / ③겉 / ④ / ⑤겉

뜨개코의 단위는 '코', 코가 가로로 늘어서 1열로 된 것을 '단'이라고 부른다

원형뜨기 / 기둥코인 사슬(그 단의 뜨기 시작) / 원형뜨기의 기초코 / 단마다 겉을 보며 뜬다

동그라미 숫자는 단수

원형 왕복뜨기 / 기둥코인 사슬의 방향을 보면 어느 쪽으로 진행하는지 판단할 수 있다(홀수 단은 겉, 짝수 단은 안을 보며 뜬다)

### 뜨개기호 보는 법(뜨개기호가 나타내는 것)

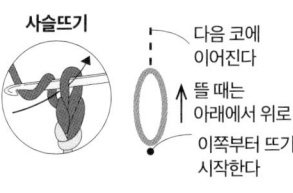

**사슬뜨기** - 다음 코에 이어진다 / 뜰 때는 아래에서 위로 이쪽부터 뜨기 시작한다

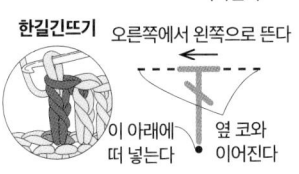

**한길긴뜨기** - 오른쪽에서 왼쪽으로 뜬다 / 이 아래에 떠 넣는다 / 옆 코와 이어진다

**짧은뜨기** - 오른쪽에서 왼쪽으로 뜬다 / 이 아래에 떠 넣는다 / 옆 코와 이어진다

**빼뜨기** - 오른쪽에서 왼쪽으로 뜬다 / 옆 코와 이어진다 / 이 아래에 떠 넣는다

### 뜨개코의 높이와 '기둥코'

사슬뜨기와 빼뜨기 이외의 코바늘뜨기의 뜨개코는, 그 높이의 차이로 구별됩니다. 단의 시작 부분에서 갑자기 높이가 있는 뜨개코는 뜰 수 없기 때문에, 일단 그 코와 같은 높이만큼의 사슬코를 뜹니다. 그 사슬코를 '기둥코'라고 합니다.

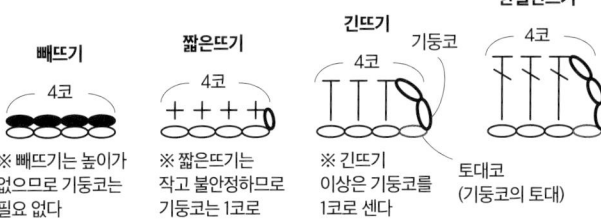

**빼뜨기** 4코 ※빼뜨기는 높이가 없으므로 기둥코는 필요 없다

**짧은뜨기** 4코 ※짧은뜨기는 작고 불안정하므로 기둥코는 1코로 세지 않는다

**긴뜨기** 4코 기둥코 ※긴뜨기 이상은 기둥코를 1코로 센다

**한길긴뜨기** 4코 / 토대코(기둥코의 토대)

### 게이지에 대해서

게이지란 뜨개코의 크기를 의미하는데, 같은 실이라도 뜨는 사람의 손놀림에 따라 달라집니다. 책에 나와 있는 치수대로 완성하고 싶다면 작품을 뜨기 전에 미리 게이지를 측정한 뒤 바늘의 굵기로 조절해서 책에 나와 있는 견본 게이지와 맞춥니다.

### 콧수 · 단수 세는 법

뜨개코는 '머리'와 '다리'로 이루어져 있다. 겉과 안에서 본 모습이 다르므로 주의한다.

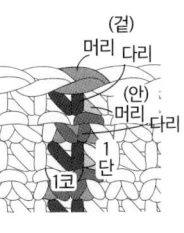

(겉) 머리 / 다리 / (안) 머리 / 다리 / 1단 / 1코

### 게이지 측정하는 법

사방 15cm 정도 되는 편물을 미리 떠보고 가로 10cm 안에 몇 코, 세로 10cm 안에 몇 단이 들어 있는지 센다.

### 게이지 맞추는 법

【지정 게이지보다 콧수 · 단수가 많을 경우】
뜨개코가 빡빡하기 때문에 편물이 작아진다 → 굵은 바늘로 바꿔서 뜬다

【지정 게이지보다 콧수 · 단수가 적을 경우】
뜨개코가 느슨하기 때문에 편물이 커진다 → 가는 바늘로 바꿔서 뜬다

## 코바늘뜨기의 뜨개기호와 뜨는 법

콧수 등이 바뀌어도 그 기호가 나타내는 뜨개 기법은 공통입니다. 여러 기호가 합쳐져 있는 뜨개 기법은 각각을 참조해서 뜨세요.

### ⌒ 원형뜨기의 기초코 (실 감아 원형코 만들기)

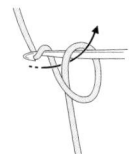 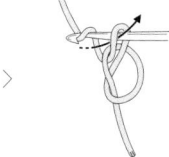 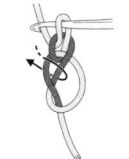 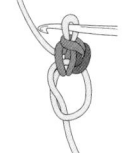

① 실 끝으로 고리를 만든 뒤 교차점을 누른 상태에서 고리 속에 바늘을 넣는다. 바늘에 실을 걸어서 ('사슬뜨기' ① 참조) 끌어낸다.

② 고리를 조이지 않고 느슨하게 해둔 상태에서 기둥코인 사슬 1코를 뜬다.

③ 계속해서 고리 속에 바늘을 넣은 뒤 2가닥을 주워서 첫 코 (여기서는 짧은뜨기)를 뜬다.

④ 짧은뜨기를 1코 뜬 모습. 계속해서 고리 속에 코를 떠 넣어 1단을 다 뜨고 나면 실 끝을 잡아당겨서 고리를 조인다.

### ● 빼뜨기

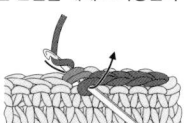

※ 보조적인 뜨개 기법으로 코와 코를 연결할 때에도 사용한다

바늘 끝에 실을 걸어서 빼낸다.

### ○ 사슬뜨기

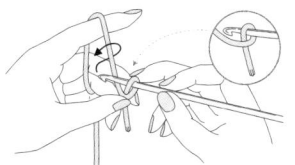 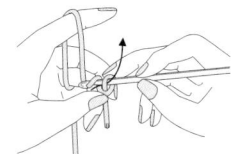  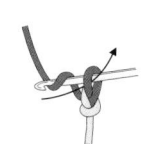 

① 그림처럼 실로 고리를 만든 뒤 실의 교차점을 누르면서 화살표와 같은 방향으로 바늘을 움직여서 실을 건다.

② 바늘 끝에 걸려 있는 실을 고리 속으로 끌어낸다.

③ 실 끝을 잡아당겨서 고리를 조인다. 이 코가 마지막 코가 되며, 콧수로는 세지 않는다.

④ 바늘 끝에 실을 걸고 바늘에 걸려 있는 고리 속으로 끌어낸다.

⑤ 사슬 1코를 뜬 모습. 같은 요령으로 계속 떠 나간다.

**사슬뜨기의 기초코** …뜨개코를 떠 나갈 때 바탕이 되는 토대. 실이 땅기지 않도록 주의한다.

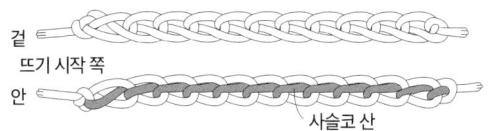

겉 / 뜨기 시작 쪽 / 안 / 사슬코 산

**사슬 줍는 법** …사슬 줍는 방법에는 3가지가 있습니다. 특별히 지정하지 않은 것은 어떤 방법을 사용해도 괜찮습니다.

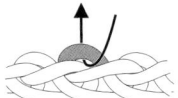 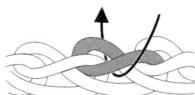 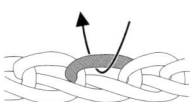

사슬코 산을 줍는다 / 사슬 반코와 사슬코 산을 줍는다 / 사슬 반코를 줍는다

### ╳ (✕) 짧은뜨기

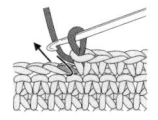 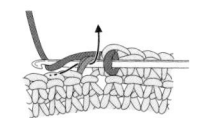 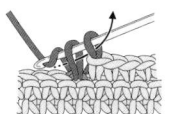 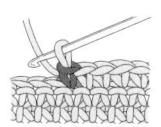

① 앞단 코의 머리 실 2가닥에 바늘을 넣는다.

② 바늘에 실을 걸어서 사슬 1코만큼의 높이로 실을 끌어낸다.

③ 한 번 더 실을 걸고 고리 2개를 한 번에 빼낸다.

④ 짧은뜨기를 1코 뜬 모습.

> **미완성의 뜨개코**
>
> 뜨개코의 마지막 빼뜨기 동작을 하기 전의, 바늘에 고리를 남긴 상태를 '미완성의 뜨개코'라고 하며, 코를 줄일 때나 구슬뜨기를 뜰 때 등에 사용한다.
>
>
> 미완성의 짧은뜨기
>
>
> 미완성의 긴뜨기    미완성의 한길긴뜨기

### ┬ 긴뜨기

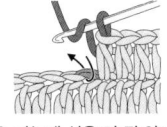 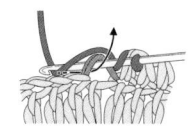 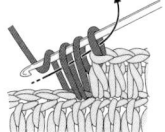 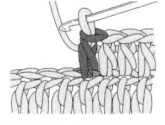

① 바늘에 실을 건 뒤 앞단 코 머리의 실 2가닥에 바늘을 넣는다.

② 바늘에 실을 걸어서 사슬 2코만큼의 높이로 실을 끌어낸다.

③ 한 번 더 실을 걸어서 고리 3개를 한 번에 빼낸다.

④ 긴뜨기를 1코 뜬 모습.

### ╪ 한길긴뜨기

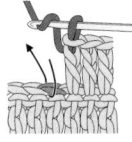  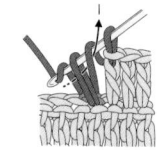 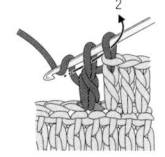 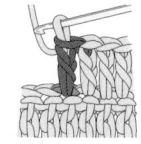

① 바늘에 실을 건 뒤 앞단 코 머리의 실 2가닥에 바늘을 넣는다.

② 바늘에 실을 걸어서 사슬 2코만큼의 높이로 실을 끌어낸다.

③ 한 번 더 실을 걸어서 바늘 끝에서 고리 2개를 한 번에 빼낸다.

④ 다시 실을 걸고, 남은 고리 2개를 빼낸다.

⑤ 한길긴뜨기를 1코 뜬 모습.

## 두길긴뜨기
• 기호의 비스듬한 선은 바늘에 처음 실을 감아주는 횟수를 나타낸다

  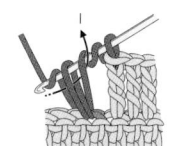   

① 바늘에 실을 2번 감은 뒤 앞단 코 머리의 실 2가닥에 바늘을 넣는다.
② 바늘에 실을 걸어서 사슬 2코만큼의 높이로 실을 끌어낸다.
③ 바늘에 실을 걸고, 바늘 끝에서 고리 2개를 한 번에 빼낸다.
④ 다시 실을 걸고, 바늘 끝에서 고리 2개를 한 번에 빼낸다.
⑤ 한 번 더 바늘 끝에 실을 걸고, 남은 고리 2개를 빼낸다.
⑥ 두길긴뜨기를 1코 뜬 모습.

## 세길긴뜨기

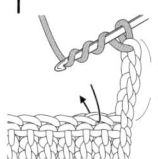 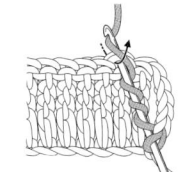 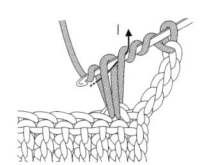 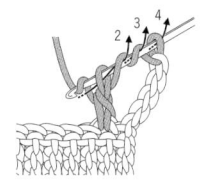 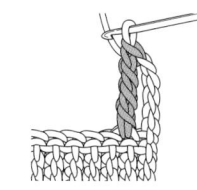

① 바늘에 실을 3번 감은 뒤 앞단 코의 머리의 실 2가닥에 바늘을 넣는다.
② 바늘에 실을 걸어서 사슬 2코만큼의 높이로 실을 끌어낸다.
③ 바늘에 실을 걸고, 바늘 끝에서 고리 2개를 한 번에 빼낸다.
④ '바늘에 실을 걸고, 바늘 끝에서 고리 2개 빼내기'를 3번 더 반복한다.
⑤ 세길긴뜨기를 1코 뜬 모습.

## 한길긴뜨기 3코 구슬뜨기
• 같은 코에 미완성 코를 3번 뜬 뒤 한 번에 빼낸다

 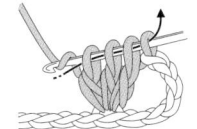 

① 미완성의 한길긴뜨기를 뜬 뒤 같은 코에 2코 더 미완성의 한길긴뜨기를 뜬다.
② 미완성의 한길긴뜨기를 3코 뜨고 나면 바늘에 실을 걸어서 바늘에 걸려 있는 고리 4개를 한 번에 빼낸다.
③ 한길긴뜨기 3코 구슬뜨기를 뜬 모습.

## 변형 긴뜨기 3코 구슬뜨기

① 미완성의 긴뜨기를 3코 뜬 뒤 바늘 끝에 실을 걸어서 고리 6개를 한 번에 빼낸다(맨 오른쪽에 있는 고리는 남긴다).
② 한 번 더 바늘에 실을 걸고, 바늘에 남은 고리 2개를 빼낸다.
③ 변형 긴뜨기 3코 구슬뜨기를 뜬 모습.

## 변형 한길긴뜨기 1코 교차뜨기
• 기호가 끊어져 있는 쪽의 뜨개코가 아래쪽(뒤쪽)으로 가도록 교차시켜서 뜬다

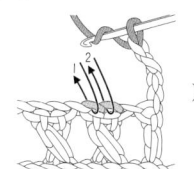 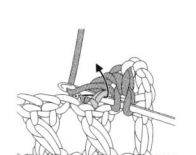 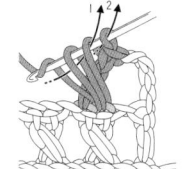 

① 1의 코에 한길긴뜨기를 뜬 뒤 바늘에 실을 걸어서 2의 코에 바늘을 넣는다.
② 1의 코에 뜬 한길긴뜨기의 앞쪽에서 바늘에 실을 걸어서 앞쪽으로 끌어낸다.
③ 바늘에 실을 걸어서 고리 2개씩 2번 빼낸다(한길긴뜨기를 뜬다).
④ 변형 한길긴뜨기 1코 교차뜨기(오른쪽 위)를 뜬 모습.

## 짧은뜨기 2코 늘려뜨기(코 늘리기)

 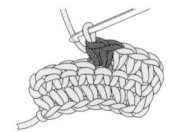

① 짧은뜨기를 1코 뜬 뒤 같은 코에 1코 더 짧은뜨기를 뜬다.
② 같은 코에 짧은뜨기를 2코 떠 넣은 모습.

## 한길긴뜨기 앞걸어뜨기

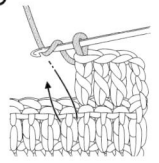 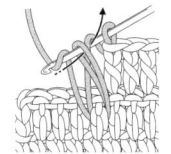 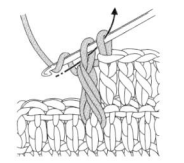 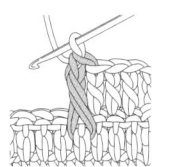

① 바늘에 실을 걸고, 갈고리 부분(⌒)이 걸려 있는 코의 다리 전체를 건지듯이 앞쪽에서 바늘을 넣는다.
② 바늘에 실을 걸어 길게 끌어낸 뒤 다시 실을 걸고 바늘에 걸려 있는 고리 2개를 빼낸다.
③ 한 번 더 바늘에 실을 걸고, 남은 고리 2개를 빼낸다(한길긴뜨기를 뜬다).
④ 한길긴뜨기 앞걸어뜨기를 뜬 모습.

## 짧은뜨기 2코 모아뜨기(코 줄이기)

 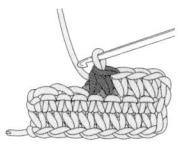

① 실을 끌어낸 뒤 다음 코도 실을 끌어낸다(미완성의 짧은뜨기 2코). 바늘 끝에 실을 걸고, 고리 3개를 한 번에 빼낸다.
② 2코가 1코가 되며, 짧은뜨기 2코 모아뜨기가 완성된 모습.

## 짧은뜨기의 배색뜨기 (가로로 실을 걸쳐 감싸면서 뜬다)

① 배색을 할 1코 앞의 짧은뜨기의 마지막 빼뜨기를 할 때 배색실로 바꾼다.

② 배색실의 실 끝과 바탕실을 함께 주운 뒤 배색실을 걸어서 끌어낸다.

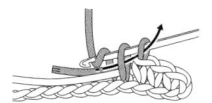
③ 배색실의 실 끝과 바탕실을 감싸면서 배색실로 짧은뜨기를 뜬다.

④ 배색실의 마지막 코를 빼낼 때 바탕실로 바꾼다.

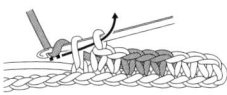
⑤ 다음 배색실로 바꿀 때도 ①처럼 바꾼다. 같은 요령으로 실을 바꾸면서 뜬다.

## 감아서 잇기

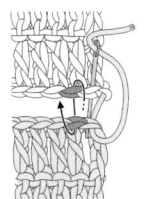

2장의 편물을 겉이 보이게 해서 나란히 놓고, 화살표처럼 마지막 단 머리의 실 2가닥씩을 주운 뒤 실을 잡아당긴다.

## 모티브를 짧은뜨기로 잇는다 (짧은뜨기로 잇기)

(세로 방향)

① 모티브를 안끼리 맞대어놓고 모서리의 코에서부터 잇는다. 마지막 단의 뒤쪽 반코씩에 바늘을 넣고,

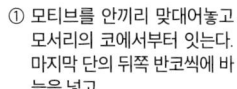
② 짧은뜨기를 떠서 이어 나간다.

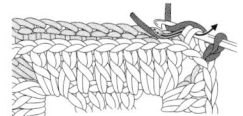
③ 다음 모티브도 같은 요령으로 이어준다.

(가로 방향)

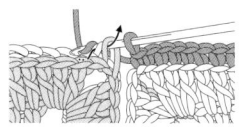
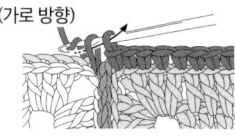
④ 가로 방향도 같은 요령으로 잇는다. 모서리의 코는 세로 방향과 같은 코를 주워 떠서 잇는다.

## 스레드 코드
• 보통은 실 끝을 감아나가는 실로 하는데, 다른 실을 감아나가는 실로 사용하는 경우도 있다

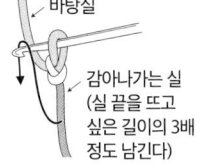
① 필요한 만큼 실 끝을 남긴 뒤 사슬뜨기의 마지막 코를 만든다. 화살표처럼 실 끝을 바늘에 건다.

바탕실 / 감아나가는 실 (실 끝을 뜨고 싶은 길이의 3배 정도 남긴다)

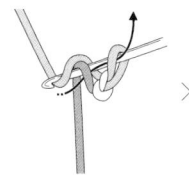
② 바늘 끝에 실을 걸어서 실 끝도 함께 빼낸다 (사슬뜨기).

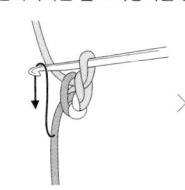
③ 1코 뜬 모습. 다음 실도 실 끝을 앞쪽에서 뒤쪽으로 건 뒤,

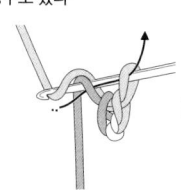
④ 함께 빼내서 사슬뜨기를 뜬다.

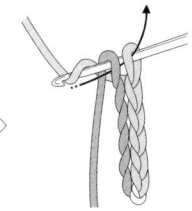
⑤ ③~④를 반복해서 뜬 뒤 뜨기 끝 부분은 사슬코를 빼낸다.

# 대바늘뜨기의 기초

## 대바늘 잡는 법 (프랑스식)

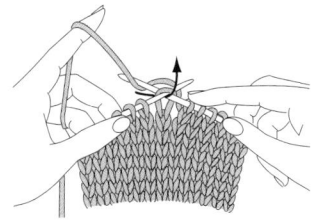

엄지와 중지로 잡고, 약지와 소지를 자연스럽게 얹는다. 오른손은 검지도 자연스럽게 얹어 대바늘의 움직임을 조절하거나, 마지막 뜨개코를 눌러 잡고 대바늘에서 빠지지 않게 한다. 편물은 손바닥 전체로 잡는다.

## 뜨개도안 보는 법   메리야스뜨기…겉코가 늘어서 있는 편물

왕복으로 뜰 때는 겉에서 뜨는 단은 기호대로 겉코, 안에서 뜨는 단은 기호와 반대쪽인 안코를 뜬다. 원통으로 뜰 때는 항상 겉을 보며 뜨므로 기호대로 뜬다.

**표기 상의 기호도**

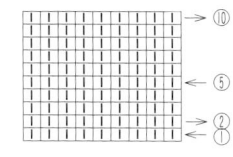

**실제로 뜰 때의 기호도**

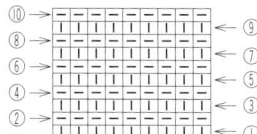

## 연결 사슬코 산을 줍는 기초코

① 코바늘로 필요한 콧수만큼 뜬 뒤 마지막 코는 대바늘로 옮긴다. 옮긴 코가 첫 번째 코가 된다.

② 사슬코 산의 두 번째 코에 대바늘을 넣고, 화살표와 같이 실을 걸어 끌어낸다. 이렇게 하면 편물에 각이 생긴다.

③ 사슬코 산을 1코씩 주워 나간다. 줍고 있는 단을 1단으로 센다.

## 원형뜨기의 기초코

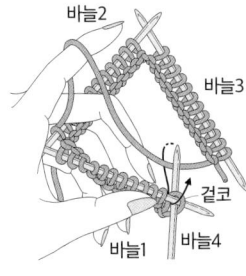
바늘2 / 바늘3 / 겉코 / 바늘1 / 바늘4

4개짜리 막대바늘의 경우는 기초코를 바늘 3개에 균등하게 나눈 뒤 바늘4로 첫 코를 뜬다. 줄바늘의 경우는 그대로 원통으로 뜬다. 단의 경계를 알아볼 수 있도록 단수표시링을 넣는다.

## 떠서 꿰매기

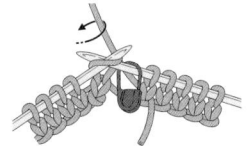
① 돗바늘로 좌우에 있는 기초코의 실을 줍는다.

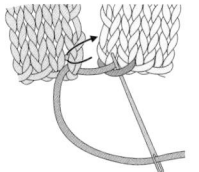
② 그림처럼 마지막 1코 안쪽에 걸쳐진 실을 1코씩 번갈아 주워가며 실을 잡아당긴다.

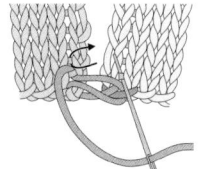
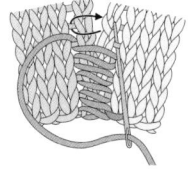
③ ②를 반복한다. 꿰매 나가는 뜨개실은 땅기지 않도록 주의하면서 보이지 않을 때까지 잡아당긴다.

### 손가락으로 만드는 기초코

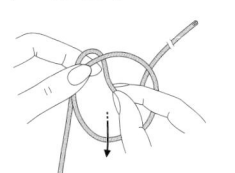 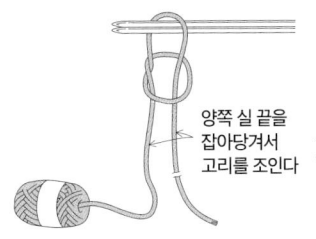 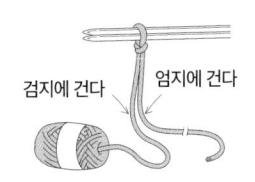 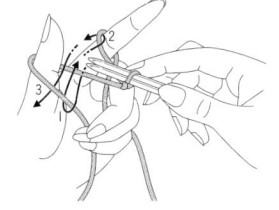

① 실 끝에서 기초코 폭의 3배 정도 되는 부분에서 고리를 만든 뒤 고리 속으로 실을 끌어낸다.

② 바늘 2개를 넣고 양쪽 실 끝을 잡아당겨서 고리를 조인다.

③ 첫 번째 코를 완성한 모습. 실 끝 쪽을 엄지에, 실타래 쪽을 검지에 건다.

④ 바늘 끝을 1·2·3의 화살표 순으로 움직여서 대바늘에 실을 건다.

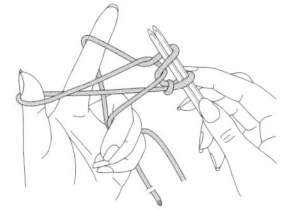 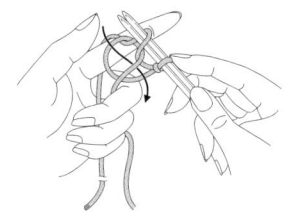 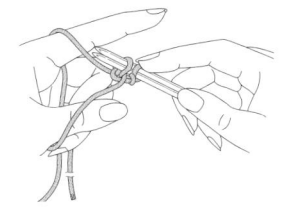 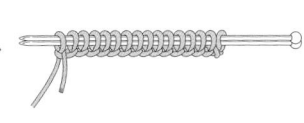

⑤ 실을 건 모습. 엄지의 실을 일단 빼낸다.

⑥ 화살표처럼 엄지를 다시 넣고서 실 끝 쪽의 실을 조인다.

⑦ 두 번째 코를 완성한 모습. ④~⑦을 반복해서 필요한 콧수만큼 만든다.

⑧ 기초코를 완성한 모습(이 기초코를 1단으로 센다). 2단은 대바늘 1개를 빼고서 뜬다.

## 대바늘뜨기의 뜨개기호와 뜨는 법

### ┃ 겉코

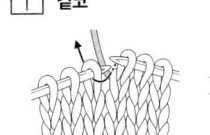 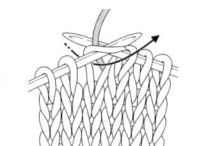 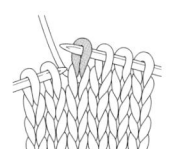

① 실을 뒤쪽에 두고, 오른쪽 바늘을 앞쪽에서 넣는다.

② 실을 걸어서 앞쪽으로 끌어낸다.

③ 왼쪽 바늘을 잡아당겨 코를 빼내서 겉코를 1코 뜬 모습.

### ─ 안코

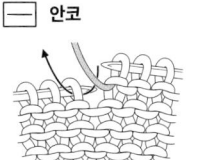 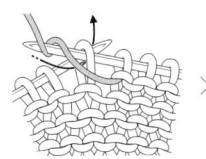 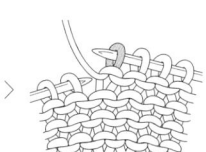

① 실을 앞쪽에 두고, 오른쪽 바늘을 뒤쪽에서 넣는다.

② 실을 걸어서 뒤쪽으로 끌어낸다.

③ 왼쪽 바늘을 잡아당겨 코를 빼내서 안코를 1코 뜬 모습.

### ● 코막음

 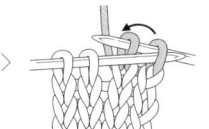 

① 앞단과 같은 코를 2코 뜬다.

② 왼쪽 바늘을 사용해서 오른쪽 코를 왼쪽 코에 덮어씌운다.

③ 코막음을 한 모습. '1코 떠서 덮어씌우기'를 반복한다.

### ⊙ 감아코

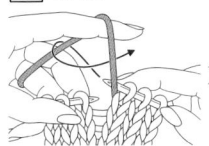 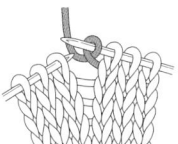 

① 바늘을 움직여 실을 감아서 코를 만든다.

② 감아코를 만든 모습.

③ 손가락에 감아서 코를 만든 뒤 바늘로 옮겨도 된다.

### 실을 세로로 걸치는 배색뜨기

아래 무늬를 예로 들어 설명합니다.

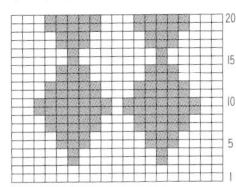 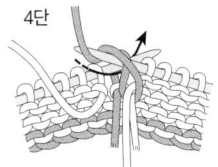 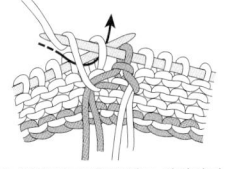 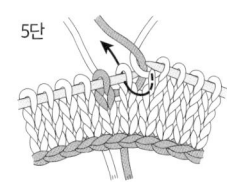

① 다이아몬드 무늬의 각 끝 부분에서 각각 배색실을 이어서 뜨기 시작한다.

② 배색실로 바꿀 때 바탕실의 아래쪽에서 걸쳐서 교차시킨다.

③ 바탕실로 바꿀 때도 마찬가지로, 아래쪽에서 걸쳐서 교차시킨다.

④ 겉을 보며 뜨는 단도, 뜨는 실을 아래쪽에서 걸쳐서 교차시킨다.

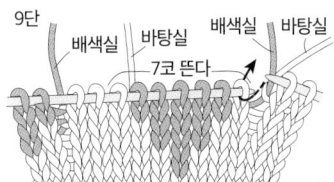 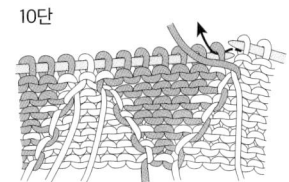 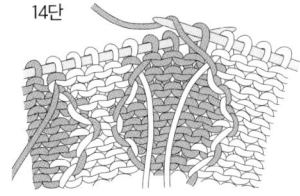

⑤ 색을 바꿀 때 실을 교차시키면서 뜬다.

⑥ 안쪽도 색을 바꿀 때 실을 교차시키면서 뜬다.

⑦ 같은 요령으로 실을 교차시키면서 뜬다. 안쪽은 이와 같이 실이 걸쳐진다.